Andrea Miller

Mobile-Marketing-Instrumente im Kundenmanagement

Andrea Miller

Mobile-Marketing-Instrumente im Kundenmanagement

Erfolgsfaktoren und Erfolgspotenzial - Eine State of the Art Analyse

VDM Verlag Dr. Müller

Impressum/Imprint (nur für Deutschland/ only for Germany)
Bibliografische Information der Deutschen Nationalbibliothek: Die Deutsche Nationalbibliothek verzeichnet diese Publikation in der Deutschen Nationalbibliografie; detaillierte bibliografische Daten sind im Internet über http://dnb.d-nb.de abrufbar.
Alle in diesem Buch genannten Marken und Produktnamen unterliegen warenzeichen-, marken- oder patentrechtlichem Schutz bzw. sind Warenzeichen oder eingetragene Warenzeichen der jeweiligen Inhaber. Die Wiedergabe von Marken, Produktnamen, Gebrauchsnamen, Handelsnamen, Warenbezeichnungen u.s.w. in diesem Werk berechtigt auch ohne besondere Kennzeichnung nicht zu der Annahme, dass solche Namen im Sinne der Warenzeichen- und Markenschutzgesetzgebung als frei zu betrachten wären und daher von jedermann benutzt werden dürften.

Coverbild: www.purestockx.com

Verlag: VDM Verlag Dr. Müller Aktiengesellschaft & Co. KG
Dudweiler Landstr. 99, 66123 Saarbrücken, Deutschland
Telefon +49 681 9100-698, Telefax +49 681 9100-988, Email: info@vdm-verlag.de

Herstellung in Deutschland:
Schaltungsdienst Lange o.H.G., Berlin
Books on Demand GmbH, Norderstedt
Reha GmbH, Saarbrücken
Amazon Distribution GmbH, Leipzig
ISBN: 978-3-639-12971-7

Imprint (only for USA, GB)
Bibliographic information published by the Deutsche Nationalbibliothek: The Deutsche Nationalbibliothek lists this publication in the Deutsche Nationalbibliografie; detailed bibliographic data are available in the Internet at http://dnb.d-nb.de.
Any brand names and product names mentioned in this book are subject to trademark, brand or patent protection and are trademarks or registered trademarks of their respective holders. The use of brand names, product names, common names, trade names, product descriptions etc. even without a particular marking in this works is in no way to be construed to mean that such names may be regarded as unrestricted in respect of trademark and brand protection legislation and could thus be used by anyone.

Cover image: www.purestockx.com

Publisher:
VDM Verlag Dr. Müller Aktiengesellschaft & Co. KG
Dudweiler Landstr. 99, 66123 Saarbrücken, Germany
Phone +49 681 9100-698, Fax +49 681 9100-988, Email: info@vdm-verlag.de

Copyright © 2009 by the author and VDM Verlag Dr. Müller Aktiengesellschaft & Co. KG and licensors
All rights reserved. Saarbrücken 2009

Printed in the U.S.A.
Printed in the U.K. by (see last page)
ISBN: 978-3-639-12971-7

Inhaltsverzeichnis

Inhaltsverzeichnis I

Abkürzungsverzeichnis III

Abbildungsverzeichnis V

Tabellenverzeichnis VI

1. Einleitung 1
2. Mobilität und Kundenmanagement 3
2.1 Charakteristika der Mobilität 4
2.2 Technologische Voraussetzungen 5
2.2.1 Funktechnologien *5*
2.2.2 Mobile Endgeräte *7*
2.2.3 Übertragungswege *9*
2.3 Kundenmanagement 11
2.3.1 Ursprung *11*
2.3.2 Systemische Betrachtung *12*
2.3.3 Zielsetzungen und Zielgrößen des Kundenmanagements *13*
2.4 Vom Kundenmanagement zum mobilen Kundenmanagement 16

3. MMI im Kundenmanagement 19
3.1 Klassifizierung der MMI 19
3.1.1 Art des Dienstes *19*
3.1.2 Art der Dienstanforderung *22*
3.2 Der strategische Erfolgsbeitrag von MMI für das Kundenmanagement 23
3.3 Der potenzielle Erfolgsbeitrag von MMI für das operative Kundenmanagement 27
3.4 Systematisierungsmöglichkeiten zur Aufdeckung potenzieller Erfolgsbeiträge von MMI im operativen Kundenmanagement 30

4.	**Erfolgspotenziale praktischer Anwendungen von MMI im operativen Kundenmanagement**	**34**
4.1	Identifikation der Praxisbeispiele	34
4.2	Überblick der angebotenen Leistungen	35
4.3	Einordnung der Praxisbeispiele auf Basis der gewählten Systematik und Diskussion von Potenzialen	37
4.3.1	*Prozess Kundenannäherung*	*37*
4.3.2	*Prozess Kundengewinnung*	*45*
4.3.3	*Prozess Kundenpflege*	*52*
4.4	Überblick über die möglichen MMI je Prozessschritt des Kundenmanagements und kritische Würdigung	57
5.	**Erfolgsfaktoren von MMI im Kundenmanagement**	**62**
5.1	Generelle Erfolgsfaktoren und Wirkungszusammenhang	62
5.2	Die zentrale Bedeutung und Entstehung von Nutzungsabsicht und Endkundenakzeptanz	68
6.	**Studienanalyse zur Nutzungsabsicht und Endkundenakzeptanz von MMI**	**70**
6.1	Zugrunde liegende Theorien	70
6.2	Charakteristika der empirischen Studien im Überblick	71
6.3	Identifizierung der Erfolgsfaktoren und Barrieren von MMI	75
6.3.1	*Klassifizierung der Einflussfaktoren nach Instrumenten*	*75*
6.3.2	*Klassifizierung der Einflussfaktoren nach den Prozessen des Kundenmanagements*	*80*
6.4	Kritische Würdigung der Ergebnisse und zukünftiger Forschungsbedarf	82
6.5	Implikationen für die Praxis	84
7.	**Schlussbetrachtung**	**87**
Literaturverzeichnis		**VII**
Anhang		**XIX**

Abkürzungsverzeichnis

CEO	Chief Executive Officer
CLCV	Customer-Life-Cycle-Value
CRM	Customer Relationship Management
DVB-H	Digital Video Broadcasting – Handheld
EDGE	Enhanced Data Rates for GSM Evolution
FTD	Financial Times Deutschland
GPRS	General Packet Radio Service
GSM	Global System for Mobile Communication
HSCSD	High Speed Circuit Switched Data
HVV	Hamburger Verkehrsverbund
IDT	Innovation Diffusion Theory
IrDA	Infrared Data Association
LBS	Location Based Services
LISREL	Linear Structural Relationships
"m"	"mobile"
mAd	Mobile Advertising
MDS	Mobile Data Services
MMA	Mobile-Marketing-Agentur(en) / -Anbieter
MMI	Mobile-Marketing-Instrument(e)
MMS	Multimedia Messaging Service
NFC	Near Field Communication
PDA	Personal Digital Assistant
PIIT	Personal Innovativeness in the Domain of Information Technology
PLS	Partial Least Squares
POS	Point of Sale
RFID	Radio Frequency Identification

RMV	Rhein-Main-Verkehrsverbund
SIM	Subscriber Identity Module
SMMART	System for Mobile Marketing: Adaptive PeRsonalized and Targeted
SMS	Short Messaging Service
TAM	Technology Acceptance Model
TPB	Theory of Planned Behavior
TRA	Theory of Reasoned Action
UMTS	Universal Global Telecommunications System
USP	Unique Selling Proposition
UTAUT	Unified Theory of Acceptance and Use of Technology
WAP	Wireless Application Protocol
WLAN	Wireless Local Area Networks
WMDS	Wireless Mobile Data Services
WSP	Wireless Service Provider

Abbildungsverzeichnis

Abbildung 1: Aufbau der Arbeit 3
Abbildung 2: Reichweite von Funktechnologien 7
Abbildung 3: Kategorisierung mobiler Endgeräte 8
Abbildung 4: Beispielhafter 2D-Barcode 10
Abbildung 5: Grundstruktur eines CRM-Systems 13
Abbildung 6: Zielsystem des Kundenmanagements 15
Abbildung 7: Entstehung und Vorteile des mCRM 17
Abbildung 8: Art des mobilen Dienstes 20
Abbildung 9: Pull- und Push-basierte Kommunikation 23
Abbildung 10: Kundenwertmodell von Diller 24
Abbildung 11: Die Vorteile von MMI im Prozess des Kundenmanagements 27
Abbildung 12: CRM als Informationszyklus 31
Abbildung 13: Kundenlebenszyklus 32
Abbildung 14: Dimensionen der Systematisierung potenzieller Erfolgsbeiträge von MMI im operativen Kundenmanagement 34
Abbildung 15: Interaktionsprozess bei Lufthansa 56
Abbildung 16: Potenzialbetrachtung von MMI je Prozess und Ziel 58
Abbildung 17: Kritische Faktoren bei der Ermittlung der Erfolgspotenziale von MMI 61
Abbildung 18: Gartner Hype Cycle 2007 63
Abbildung 19: Generelle Erfolgsfaktoren für die Potenziale von MMI für das CRM 64
Abbildung 20: Der Zusammenhang zwischen Nutzungsabsicht und Endkundenakzeptanz 68
Abbildung 21: Technology Acceptance Model 71
Abbildung 22: Häufigkeiten der untersuchten MMI und Länder 72

Tabellenverzeichnis

Tabelle 1: Charakteristika der Mobilität als treibende Faktoren zur Erreichung von Effektivitäts- und Effizienzzielen 18

Tabelle 2: Die Vorteile der Mobilität für die Entwicklung des Kundenwertes 26

1. Einleitung

„Mein Schlüssel, mein Portemonnaie, mein Handy."[1] Die Welt hat sich geändert. Noch nie hat sich ein Medium so schnell verbreitet wie das Mobiltelefon.[2] In Deutschland kam das Handy 1990 in die Geschäfte und nur 15 Jahre später hat es eine Penetration von über 100 % erreicht,[3] d.h. dass es in Deutschland seit 2006 bereits mehr Mobilfunkanschlüsse als Einwohner gibt.[4] Laut einer im September 2008 veröffentlichten repräsentativen Studie des Branchenverbandes Bitkom wird das Handy von „[…] neun von zehn Nutzern […] als ein Gewinn an Lebensqualität und Flexibilität"[5] angesehen. In einer Zeit, die sich gleichermaßen durch ihre Schnelllebigkeit sowie Reiz- und Informationsüberflutung auszeichnet,[6] ist es daher naheliegend, dieses persönliche Medium aus Unternehmenssicht für zielgruppengenauere Marketing-Aktivitäten zu nutzen.[7] Dabei steht die sinnvolle Nutzung der freien Zeit und die gefühlte Autonomie der angesprochenen Personen im Mittelpunkt.[8] Es ergeben sich somit starke Entwicklungsmöglichkeiten für das Kundenmanagement,[9] wobei der Kundendialog im Sinne eines Beziehungsmarketings im Fokus des unternehmerischen Handelns steht.[10] Diese Betrachtung ist in der vorliegenden Arbeit von besonderer Relevanz, da Mobile-Marketing-Instrumenten (MMI)[11] generell Potenzial zugesprochen wird – 60 % aller Unternehmen planen oder führen bereits die Implementierung in ihren Aktivitäten durch,[12] von den bekanntesten Brands (z.B. McDonald's, CocaCola etc.) sollen bereits 90 % im Jahr 2008 mobiles Marketing betreiben.[13]

---

[1] Vahldiek (2008), S. 9.
[2] Vgl. Schäfer (2008), S. 3.
[3] Vgl. Graumann et al. (2007), S. 135.
[4] Vgl. Wieland (2007), S. 27.
[5] o.V. (2008i), S. 1.
[6] Vgl. Westphal (2008), S. 32.
[7] Vgl. Birkel (2007), S. 482 und S. 484.
[8] Vgl. Diller (2008), o.S.
[9] Vgl. Barnes, Scornavacca (2004), S. 129.
[10] Vgl. Diller (2001), S. 69.; Schubert, Selz, Haertsch (2002), S. 165.
[11] Aus Gründen der Vereinfachung und der Einheitlichkeit wird die Abkürzung MMI in der Arbeit hinsichtlich Numerus und / oder Kasus nicht angepasst.
[12] Vgl. Schierholz, Kolbe, Brenner (2007), S. 831.
[13] Vgl. Rohm, Sultan (2006), S. 4f.

Doch ist eine erfolgreiche Umsetzung der Instrumente nur unter bestimmten Voraussetzungen möglich. So entscheidet der Kunde selbst, ob eine Kommunikation mit dem Unternehmen zustande kommt.[14] Eine tatsächliche Akzeptanz kann nur dann erreicht werden, wenn dem Kunden ein echter, relevanter Mehrwert geboten wird.[15] Dies bestätigen auch Umfragen unter Handynutzern: Gerade Werbung ist nur dann interessant, wenn Gutscheine oder Coupons einhergehend angeboten werden. Außerdem sind Kunden genervt, wenn sie ungefragt Empfänger von MMI werden. Dahingegen sind Konsumenten gegenüber sachlich-anspruchsvoller oder unterhaltend-humorvoller Ansprache offen.[16]

Um für die vorliegende Arbeit die Basis für die nähere Betrachtung der Erfolgspotenziale und -faktoren von MMI für das Kundenmanagement zu schaffen, beschäftigt sich Kapitel 2 zunächst mit den Grundlagen der Mobilität, den technologischen Voraussetzungen und der Theorie des Kundenmanagements. Das Kapitel endet mit einer Zusammenfassung der Charakteristika der Mobilität einerseits und den Zielsetzungen des Kundenmanagements andererseits. Bei der Betrachtung der MMI in Kapitel 3 erfolgt zunächst eine Klassifizierung der möglichen Instrumente, bevor sowohl der strategische als auch der operative Erfolgsbeitrag für das Kundenmanagement abgeleitet und ausführlich veranschaulicht wird. Daran schließt die Erarbeitung eines Systematisierungsmodells potenzieller Erfolgsbeiträge für das operative Kundenmanagement an. Kapitel 4 beinhaltet die wissenschaftliche Aufarbeitung der aktuellen Praxis. So werden die Erfolgspotenziale aktueller MMI diskutiert, wobei mit wenigen Ausnahmen lediglich die Situation auf dem deutschen Markt widergespiegelt wird. Im Anschluss werden die Praxisbeispiele anhand der zuvor erarbeiteten Systematik eingeordnet. Doch ist eine erfolgreiche Umsetzung nur unter bestimmten Voraussetzungen zu erzielen, welche in Kapitel 5 hervorgehoben werden. Neben generellen Erfolgsfaktoren spielt v.a. die Kundenakzeptanz eine enorme Rolle, welche in Kapitel 6 beleuchtet wird, in dem eine Studienanalyse durchgeführt wird. Eine Endbetrachtung der gewonnenen Erkenntnisse in Kapitel 7 rundet die Diplomarbeit ab.

Die nachfolgende Abbildung 1 verdeutlicht die Zusammenhänge der behandelten Komponenten und damit den Aufbau der Arbeit.

---

[14] Vgl. Bauer, Hammerschmidt, Donnevert (2007), S. 56.
[15] Vgl. Janke (2007), S. 17.
[16] Vgl. o.V. (2006b), S. 8, 10 und 13.

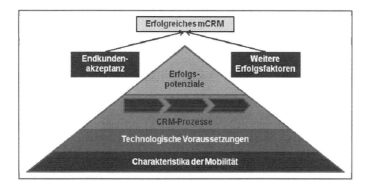

Abbildung 1: Aufbau der Arbeit
Quelle: Eigene Darstellung.

2. Mobilität und Kundenmanagement

Bei der Definition von Mobile-Marketing-Aktivitäten berufen sich die meisten Autoren auf jene von Möhlenbruch / Schmieder (2002), nach welcher unter mobilem Marketing „[...] die Planung, Durchführung und Kontrolle von Marketingaktivitäten bei der Nutzung von Technologien zur kabellosen Datenübertragung auf mobile Endgeräte im Rahmen einer marktorientierten Unternehmensführung"[17] verstanden wird. Um auf die Erfolgspotenziale für das Kundenmanagement detailliert eingehen zu können, gilt es in diesem Kapitel generell zu klären, was mobile Kundenansprache im Kundenmanagement bedeutet. Diese wiederum kann nur gewährleistet werden, wenn bestimmte technologische Voraussetzungen erfüllt sind. Weiterhin ist eine Betrachtung des Kundenmanagements für den späteren Rückgriff auf dessen einzelne Bestandteile wichtig. Das Kapitel endet mit einer Darstellung der Verschmelzung von Mobilität und Kundenmanagement.

---

[17] Möhlenbruch, Schmieder (2002), S. 77.

2.1 Charakteristika der Mobilität

Mobilität ist durch häufige Ortswechsel und längere Reisezeiten gekennzeichnet,[18] wobei die Bedürfnisse der betroffenen Person standortverteilt sind. Der beschäftigungsorientierte Stillstand soll über den Einsatz von mobilen Endgeräten mit einem sofortigen und standortunabhängigen Zugriff genutzt werden.[19] Dabei tauchen immer wieder die Begriffe des mobile Business (mBusiness) und mobile Commerce (mCommerce) auf. Im Hinblick auf die Erfolgspotenziale von MMI für das Kundenmanagement ist aufgrund der verschiedenen Definitionsmöglichkeiten zu beachten,[20] dass es sich sowohl um Transaktionen als auch um das Schaffen eines Informations- oder Unterhaltungsmehrwertes durch das Unternehmen für den Kunden handeln kann. Die Art des mobilen Endgerätes, der Funktechnologie oder des Übertragungsweges (vgl. Kap. 2.2) ist dabei unerheblich, jedoch sind dies insgesamt wichtige technologische Voraussetzungen.

Das mobile Endgerät ist jedoch unabdingbar im mobilen Marketing und wird als ständiger Begleiter und gleichzeitig sehr persönliches, d.h. auch personalisiertes Objekt charakterisiert.[21] Es besitzt eine sehr hohe Reichweite und Penetration.[22] Dies impliziert das erste Charakteristikum der Mobilität: die örtliche **Ubiquität**, d.h. dass das mobile Endgerät überall, unabhängig vom Ort, zum Einsatz kommen kann – genauso wie zu jeder Zeit.[23] Diese Punkte sind Teil des nächsten Merkmals: die **Erreichbarkeit**, welche sich außerdem durch den „always-on"-Gedanken auszeichnet,[24] d.h. der jederzeitigen Verfügbarkeit[25] und Omnipräsenz[26]. Weiterhin ermöglicht die SIM-Karte bzw. die Rufnummer des Handys eine eindeutige **Identifizierung** des Nutzers.[27] Zudem ist der Kunde, sobald sein Mobiltelefon eingeschaltet ist, **lokalisierbar**, d.h. sein Standpunkt kann geortet werden.[28] Ein weiteres

---

[18] Vgl. Link, Schmidt (2002), S. 134.
[19] Vgl. Picot, Neuburger (2002), S. 62.
[20] Eine Übersicht über die Überschneidungen und Unterschiede von Electronic Business und Electronic Commerce, sowie von Mobile Business und Mobile Commerce kann Gerpott (2002), S. 49-51 entnommen werden.
[21] Vgl. Giordano, Hummel (2005), S. V.
[22] Vgl. Oswald, Tauchner (2005), S. 20.
[23] Vgl. Schäfer (2005), S. 396.
[24] Vgl. Brand, Bonjer (2002), S. 292.
[25] Vgl. Seiler (2005), S. 379.
[26] Vgl. Schneider, Gerbert (1999), S. 198.
[27] Vgl. Hampe, Schwabe (2002), S. 314f.
[28] Vgl. Silberer, Wohlfahrt, Wilhelm (2001), S. 221.

Charakteristikum ist die **Interaktion**smöglichkeit des Kunden mit dem Unternehmen,[29] weshalb von einer Unmittelbarkeit zwischen Unternehmen und Kunden im Echtzeit-Betrieb gesprochen werden kann.[30] Die Mobilität ermöglicht dem Nutzer weiterhin auf psychischer Ebene ein Gefühl der Freiheit und Unabhängigkeit, der Flexibilität und Dynamik[31] sowie der Selbstverwirklichung und Emotionalisierung[32]. Da sie ein prägendes Charakteristikum unseres täglichen Lebens ist, gilt sie als Basisbedürfnis, welches eine hohe Relevanz besitzt, wodurch sich das Marketing als Hilfsmittel zur Befriedigung anbietet.[33]

2.2 Technologische Voraussetzungen

Wie bereits erwähnt, bedarf es einiger technologischer Voraussetzungen, um eine mobile Kundenansprache gewährleisten zu können. Essenziell sind dabei Funktechnologien, mobile Endgeräte und die verschiedenen Arten von Übertragungswegen, welche im Folgenden kurz näher betrachtet werden.

2.2.1 Funktechnologien

Funktechnologien beschreiben, mit welcher Art von Verbindung der Kontakt zwischen Unternehmen und Endkunden hergestellt wird. Es handelt sich hierbei um drahtlose Übertragungstechnologien.[34] Die drei wichtigsten im themenrelevanten Zusammenhang sind **Bluetooth und WLAN** (Wireless Local Area Network) sowie Mobilfunk. Ersteres hat eine Verbindungsreichweite von einem bis zu 100 Metern, wobei ca. zehn Meter am gängigsten sind.[35] Daher eignet es sich hervorragend, um Kunden anzusprechen, die sich in einem gewissen Umkreis um einen bestimmten Ort befinden,[36] beispielsweise auf Messen.[37] Grundvoraussetzung ist hier allerdings, dass die Kunden ihr mobiles Endgerät (s. Kap. 2.2) auch eingeschaltet und die Funktechnologie aktiviert haben müssen. Ist dies gegeben, kann der Verbraucher direkt und kostenlos kontaktiert werden.[38] Ähnlich wie die Bluetooth-

---

[29] Vgl. Jenkins (2006), S. 60.
[30] Vgl. Eggert (2001), S. 69.
[31] Vgl. Oswald, Tauchner (2005), S. 15.
[32] Vgl. Clemens (2003), S. 45.
[33] Vgl. Diller (2008), o.S.
[34] Vgl. Diller, Haas, Ivens (2005), S. 400.
[35] Vgl. o.V. (2008h), o.S.
[36] Vgl. Wirtz (2002), S.23.
[37] Vgl. Zunke (2008), S. 34.
[38] Vgl. Steimel, Paulke, Klemann (2008), S. 29.

Technologie kann das sog. WLAN angesehen werden. Dieses hat mit bis zu 150 Metern[39] eine noch höhere Reichweite und wird v.a. im Bereich der stationären Computer eingesetzt, gewinnt aber an Bedeutung, da es immer mehr andere WLAN-fähige mobile Endgeräte gibt.[40] Allerdings muss ebenfalls das Gerät nicht nur eingeschaltet, sondern auch die WLAN-Funktion aktiviert sein.

Der **Mobilfunk** ist sehr gut geeignet, um eine breite Masse anzusprechen, da das Mobilfunknetz in Deutschland sehr gut ausgebaut ist und eine fast flächendeckende Reichweite besitzt.[41] Im Hinblick auf das Kundenmanagement kann dennoch eine direkte Ansprache aufgrund der bereits erwähnten Identifikationsmöglichkeit gewährleistet werden. Aufgrund der ständigen technischen Verbesserungen ist die Entwicklung im Mobilfunk weit fortgeschritten. Während die erste Mobilfunkgeneration (1G) mit dem gängigen Standard GSM (Global System for Mobile Communication) im Zeitraum zwischen 1992 bis 1999[42] lediglich eine Übertragungsrate von 9,6 KBit/s erlaubte, waren in der zweiten Generation (2G) mithilfe von GPRS (General Packet Radio Service) bereits Raten von 40 KBit/s möglich.[43] Die größten Hoffnungen lagen und liegen in UMTS (Universal Mobile Telecommunications System), da hier Übertragungsraten von bis zu 2 MBit/s ermöglicht werden,[44] welche aufgrund der schnellen und leistungsfähigen Datenübertragung multimediale Anwendungen, z.B. mit sog. Bewegtbildern, realisierbar machen. Allerdings werden als Haupthindernis für die Massenverbreitung von UMTS noch immer die sehr hohen Kosten angeführt.[45] In der Zwischenzeit entwickelte sich 2G zur sog. 2,5G weiter, welche im Vergleich zu GPRS noch etwas höhere Übertragungsraten erlaubt – so ermöglicht HSCSD (High Speed Circuit Switched Data) bis zu 76,8 KBit/s[46] und EDGE (Enhanced Data Rates for GSM Evolution) bis zu 384 KBit/s.[47]

---

[39] Vgl. Rao, Parikh (2003), S. 37.
[40] Vgl. Schreiber (2000), S. 66.
[41] Vgl. Aschmoneit (2004), S. 119.
[42] Vgl. Clemens (2003), S. 32.
[43] Vgl. Diller, Haas, Ivens (2005), S. 401.
[44] Vgl. Gerpott (2002), S. 49.
[45] Vgl. Graumann et al. (2007), S. 148.
[46] Vgl. Wirtz (2002), S. 80.
[47] Vgl. Silberer, Wohlfahrt, Wilhelm (2001), S. 217.

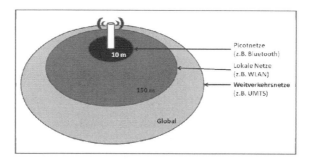

Abbildung 2: Reichweite von Funktechnologien
Quelle: Eigene Darstellung in Anlehnung an Aschmoneit (2004), S. 119.

Im Zuge des mobilen TV ist noch DVB-H von Relevanz – der zukunftsträchtigste, wenn auch noch nicht weit verbreitete Standard der TV- und Video-Übertragung. Die Bedeutung des mobilen Marketing in diesem Zusammenhang ist zwar noch eher als gering einzuschätzen, doch sind hierfür hohe Potenziale anzunehmen – v.a. im Bereich des mobilen Advertising (mAd).[48] Jedoch muss beachtet werden, dass diese Ansprache eher generalisierten Charakter aufweist und daher weniger zielführend für das Kundenmanagement ist.

Dazu gibt es weitere Funktechnologien, welche aber vernachlässigt werden können, da die Reichweite, d.h. die mögliche Entfernung zwischen Sender und Empfänger, nicht hoch genug ist. So bietet z.B. Infrarot (IrDA) nicht genügend Potenzial, da es lediglich bei Sichtkontakt eingesetzt werden kann.[49]

2.2.2 Mobile Endgeräte

Unter einem mobilen Endgerät wird die für den Empfang von MMI notwendige Hardware verstanden,[50] womit es als mobiles Integrationsmedium angesehen wird.[51] Eine Kategorisierung erfolgt anhand dessen **technischer Einschränkungen**. Die Ein- und Ausgabefähigkeiten (Tastatur, Bildschirm etc.), die Speicherkapazität, die Rechenleistung und die Bandbreite zur Datenkommunikation sowie die Betriebszeiten sind hierfür gängige

---

[48] Vgl. Steimel, Paulke, Klemann (2008), S. 13 und S. 25.
[49] Vgl. Steimel, Paulke, Klemann (2008), S. 27.
[50] Vgl. Wehrmann (2004), S. 155.
[51] Vgl. Diller (2008), o.S.

Unterscheidungsmerkmale.[52] Dabei werden grob vier **Arten** von mobilen Endgeräten unterscheiden: Handy, Smartphone (mit PC-Konnektivität), PDA (Personal Digital Assistant) und Notebook,[53] welche in Abbildung 3 nach dem Grad der Mobilität, dem Grad der Funktionalität sowie Kosten und Energieverbrauch kategorisiert werden. So weist ein Handy den höchsten Grad der Mobilität auf und ist damit das für diese Arbeit relevanteste Endgerät, jedoch besitzt es einen geringeren Grad der Funktionalität als ein Notebook.[54]

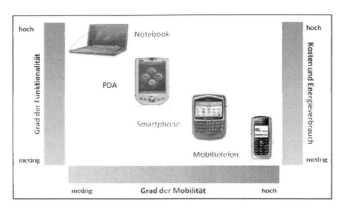

Abbildung 3: Kategorisierung mobiler Endgeräte
Quelle: Eigene Darstellung in Anlehnung an Schäfer (2008), S. 7.

Die Entwicklung von UMTS ermöglicht es, jedes mobile Endgerät für den Einsatz im Internet aufzurüsten. Die sog. UMTS-Karten können sowohl in Notebooks als auch in Handys eingebaut werden und erweitern so deren Anwendungsgebiete.[55]

Neben den genannten lassen sich weitere Endgeräte unterscheiden, wie z.B. Digitalkameras, Navigationssysteme oder MP3-Player. Insgesamt ist hier der Trend abzusehen, dass mobile Endgeräte miteinander verschmelzen.[56] Dennoch gibt es bisher kein Gerät, welches alle Eigenschaften miteinander verbindet,[57] sodass jeder Konsument jenes aussucht, welches der Nutzungsintention seiner individuellen Bedürfnisse am besten entspricht.[58]

---

[52] Vgl. Schäfer (2008), S. 11f.
[53] Vgl. Hsieh, Jones, Lin (2008), S. 439.
[54] Vgl. Schäfer (2008), S. 7.
[55] Vgl. o.S. (2008r), o.S.
[56] Vgl. Graumann et al. (2007), S. 123.
[57] Vgl. Steimel, Paulke, Klemann (2008), S. 57.
[58] Vgl. Islam, Fayad (2003), S. 89.

2.2.3 Übertragungswege

Neben der Funktechnologie und dem mobilen Endgerät lässt sich nach dem Übertragungsweg unterscheiden. Grundsätzlich ist es von der Art des Endgerätes abhängig, welche Möglichkeiten nutzbar sind. Es können Sprachtelefonie, Messaging, mobiles Internet, mobile Portale und WAP (Wireless Application Protocol), Video sowie mobiles Tagging (mTagging), RFID (Radio Frequency Identification) und NFC (Near Field Communication) unterschieden werden:[59]

Im Bereich der **Sprachtelefonie** ergeben sich Potenziale, indem z.B. mithilfe von Sprachdialogsystemen mit Nutzern interaktiv kommuniziert wird bzw. die Kommunikation von einem Computer ausgeht.[60] Beim **Messaging** wird SMS (Short Messaging Service) als sog. „Killer-Applikation" verstanden, da diese am weitesten verbreitet ist.[61] Manche Autoren sprechen sogar von der Cash Cow der mobilen Kommunikation.[62] Der Erfolg wird darauf zurückgeführt, dass sie von allen Handys weltweit versendet und empfangen werden können, immer funktionieren sowie einfach zu bedienen sind.[63] Trotz der multimedialen Verwendungsmöglichkeiten von MMS (Multimedia Messaging Services) wird diese Funktion aufgrund höherer Kosten weniger genutzt.[64] **Mobiles Internet** soll dem Kunden alle bisherigen stationären Internetanwendungen auch unterwegs, d.h. zeit- und ortsunabhängig, ermöglichen.[65] Das vereinfachte **WAP**-Protokoll sorgt für die modifizierte Wiedergabe von Web-Seiten auf mobilen Endgeräten.[66] Eigens konzipierte **mobile Portale**, welche sich durch andere URLs, geringere Datenvolumina und differenzierten Seitenaufbau auszeichnen,[67] besitzen die größten Erfolgspotenziale für das CRM (s. Kap. 4.3.1). **Video-Formate** sind relevant, wenn sehr hohe Datenmengen übertragen werden. Hierbei kann zwischen Download (Abspeicherung der kompletten Datenmenge) und Streaming (Ansehen während der Übertragung) unterschieden werden, wobei bei Ersterem mehr Speicherplatz nötig ist.[68] Beim **mTagging** wird ein sog. 2D-Barcode[69] abfotografiert (s. Abbildung 4), wo-

---

[59] Vgl. Clemens (2003), S. 38-41.
[60] Vgl. Aschmoneit (2004), S. 129.
[61] Vgl. Dufft, Wichmann (2003), S. 15
[62] Vgl. Fraunholz, Unnithan (2004), S. 94.
[63] Vgl. Oswald, Tauchner (2005), S. 56f.
[64] Vgl. Oswald, Tauchner (2005), S. 29f.
[65] Vgl. Lu et al. (2006), S. 53.
[66] Vgl. Silberer, Wohlfahrt, Wilhelm (2001), S. 216.
[67] Vgl. Barmscheidt (2008), o.S.
[68] Vgl. Aschmoneit (2004), S. 134.

durch der Kunde mittels einer vorher installierten Software automatisch auf die Unternehmenshomepage weitergeleitet wird,[70] ihm bestimmte Informationen auf das Handy geladen werden[71] etc. 2D-Codes finden außerdem bei mCoupons oder mTicketing (s. Kap. 3.1.1) Anwendung. Hierfür wird dem Nutzer der entsprechende Code auf das mobile Endgerät gesendet, welcher als „Nachweis" vom Unternehmen wiederum eingelesen werden kann.

Abbildung 4: Beispielhafter 2D-Barcode
Quelle: o.V. (2008e), o.S.

RFID und **NFC** ermöglichen die automatische Identifizierung von Gegenständen oder Lebewesen mit Hilfe elektromagnetischer Wellen[72] und sind im Bereich des mobilen Marketing noch in der Entwicklungs- bzw. Testphase. Dabei wird mit Hilfe von ConTags (Kontaktpunkte ähnlich dem mTagging), an welche der Kunde nur noch sein Handy halten muss, die Übertragung gestartet (s. Kap. 4.3.2).[73]

Welcher Übertragungsweg das höchste Erfolgspotenzial für das mobile Kundenmanagement birgt, hängt von der jeweiligen Situation und Anwendung ab. So können kurze Informationen am besten personalisiert per SMS versendet werden, wohingegen sich mInternet anbietet, um den Kunden über einen längeren Zeitraum mit dem Unternehmen in Kontakt treten zu lassen. mTagging bietet sich, ähnlich dem Bluetooth-Marketing, v.a. bei „Selbstannäherung" des Kunden an.

Neben den technologischen und mobilitätsspezifischen Voraussetzungen und Charakteristika ist die nachfolgende Betrachtung der Grundlagen des Kundenmanagements essenziell, um die Erfolgspotenziale von MMI für das Kundenmanagement erarbeiten zu können.

---

[69] Zweidimensionale Abbildung ähnlich einem Strichcode auf Produkten zum Einlesen an der Einkaufskasse
[70] Vgl. Birkel (2007), S. 484.
[71] Vgl. Kirch (2008), S. 52.
[72] Vgl. o.V. (2008j), o.S.
[73] Vgl. Försken (2007), S. 88.

2.3 Kundenmanagement

In der Wissenschaft existieren eine Reihe verschiedener Definitionen zum Kundenmanagement – weithin auch als Customer Relationship Management (CRM) bekannt. Dabei ist die technisch-systemgetriebene Begriffsabgrenzung von Hippner / Wilde (2004) eine der umfangreichsten und aussagekräftigsten im Hinblick auf das in dieser Arbeit relevante mobile Marketing, weshalb sie hier als Basis dient. „CRM ist eine kundenorientierte Unternehmensphilosophie, die mit Hilfe moderner Informations- und Kommunikationstechnologien versucht, auf lange Sicht profitable Kundenbeziehungen durch ganzheitliche und differenzierte Marketing-, Vertriebs- und Servicekonzepte aufzubauen und zu festigen."[74] Im Folgenden soll der Ursprung des Kundenmanagements und die daraufhin entstandene Systematisierung näher beleuchtet werden, bevor ausführlich auf die spezifischen Zielsetzungen und Zielgrößen eingegangen wird.

2.3.1 Ursprung

Hintergrund für die Verbreitung des Kundenmanagements ist die Tatsache, dass profitable Kunden gezielt an das Unternehmen gebunden werden sollen, um den Unternehmenserfolg nachhaltig zu steigern. Es erfolgt eine bewusste Orientierung an der langfristigen Kundenbeziehung anstatt an einzelnen Transaktionen.[75] Die Ursache liegt in der hohen Bereitschaft der Kunden, zu anderen Anbietern zu wechseln.[76] Dies gründet darin, dass eine Profilierung mithilfe des Produktes oder des Preises kaum mehr möglich ist, da sich hier Unternehmen gegenseitig aneinander anpassen – die Produkte sind substituierbar und die Märkte gesättigt.[77] Des Weiteren ist nachweisbar, dass es einfacher und kostengünstiger ist, bestehende Kunden zu halten, also an das Unternehmen zu binden, anstatt neue Kunden zu akquirieren.[78] Daher wird dem Kundenbeziehungsmanagement eine enorme Wichtigkeit zugesprochen,[79] weshalb eine detaillierte Systematisierung dazu dienen soll, das Themengebiet besser zu erfassen.

---

[74] Hippner, Wilde (2004), S. 6.
[75] Vgl. Diller (2002), S. 205.
[76] Vgl. Hippner, Wilde (2004), S. 5.
[77] Vgl. Beck, Ivens (2006), S. 6.
[78] Vgl. Hampe, Schwabe (2002), S. 303; Schäfer (2006), S. 26; Hippner, Wilde (2004), S. 5.
[79] Vgl. Reinartz, Krafft, Hoyer (2004), S. 293.

2.3.2 Systemische Betrachtung

Die systemische Sichtweise des Kundenmanagements erleichtert die Betrachtung der verschiedenen Komponenten und deren Zusammenhänge. Ein CRM-System lässt sich in die Bereiche Front Office und Back Office unterteilen, wobei die dazwischen liegende Datenbank die wichtigste Schnittstelle darstellt. Das Back Office, welches sich mit unternehmensinternen Prozessen beschäftigt, wie z.b. Supply Chain Management, soll im Rahmen dieser Arbeit nicht näher betrachtet werden, da der Endkunde im Fokus der Untersuchung steht. Deshalb erfolgt eine Konzentration auf den Front Office Bereich, welcher sich in die drei Unterbereiche kommunikatives CRM – also die Möglichkeiten, mit dem Kunden in Kontakt zu treten (Customer Interaction Center), operatives CRM – die automatischen Marketing-, Sales- und Serviceaktivitäten sowie analytisches CRM – die Analyse von Kundendaten, unterteilen lässt.[80] Bevor auf die spezifischen Zielsetzungen und Zielgrößen eingegangen wird, visualisiert die nachfolgende Abbildung 5 die Grundstruktur der Systematisierung. Die mobile Komponente tritt dabei v.a. im Hinblick auf das Customer Interaction Center in den Vordergrund, da aufgrund der bereits erläuterten Charakteristika und Möglichkeiten der personalisierten und situativen Ansprache Vorteile erzielt werden können. Weiterhin kann im Anschluss an die Analyse der besseren zur Verfügung stehenden Kundeninformationen die automatisierte Ansprache optimiert werden.

---

[80] Vgl. Diller, Haas, Ivens (2004), S. 53-55.

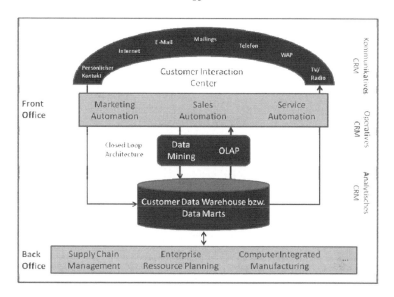

Abbildung 5: Grundstruktur eines CRM-Systems
Quelle: Eigene Darstellung in Anlehnung an Hippner, Martin, Wilde (2002), S. 24

2.3.3 Zielsetzungen und Zielgrößen des Kundenmanagements

Grundsätzlich strebt ein Unternehmen danach, sich von seinen Wettbewerbern zu differenzieren, um langfristig profitabel am Markt zu bestehen. Dabei sollen kundenspezifische Anforderungen stets integriert werden. Unternehmen, welche CRM betreiben, haben demzufolge die Aufgabe, ihre Kunden zunächst zu identifizieren[81] und in einem nächsten Schritt deren potenzielle Bedürfnisse zu erkennen[82]. MMI können hierbei unterstützen, da Nutzer schneller erkannt werden und deren Verhalten Aufschluss über ihre Wünsche geben kann. Aus diesem Wissen werden Kundenprofile erstellt, welche es ermöglichen, den Konsumenten direkt und individuell anzusprechen.[83] Aufgrund der einfachen Personalisierungsmöglichkeit durch die Identifizierung mittels des mobilen Endgerätes, kann ein Mehrwert generiert werden, d.h. dem Kunden ein weiterer individueller Anreiz geboten werden, der sich von dem der Wettbewerber unterscheidet (**Differenzierungsziel**).[84] So entstehen dem Kunden Wechselkosten, welche umso höher sind, je mehr Daten über den Kunden gewonnen werden können und je größer damit der individuelle

---

[81] Vgl. Hampe, Schwabe (2002), S. 303.
[82] Vgl. Sieben (o.J.), S. 5.
[83] Vgl. Link, Schmidt (2002), S. 145.
[84] Vgl. Hippner, Wilde (2004), S. 5 und S. 9.

Service ist.[85] Diese Kosten sollen den Konsumenten davon abhalten, zu anderen Unternehmen zu wechseln, d.h. es soll ein Wettbewerbsvorteil generiert werden. All diese Überlegungen dienen letztlich dazu, den Kundennutzen des Konsumenten zu erhöhen.[86] Dadurch soll die Wirkungskette der Kundenbindung angetrieben werden, welche nach dem Erstkontakt bei einer weiteren Pflege der Kundenbeziehungen zur Kundenzufriedenheit, in einem nächsten Schritt zur Kundenloyalität und zuletzt zur Kundenbindung führt.[87] Dieser Prozess ist unabdingbar, um langfristig die nötige Profitabilität des Unternehmens sichern zu können (**Profitabilitätsziel**).[88] Die mobilen Maßnahmen tragen durch die Unmittelbarkeit zum Kunden aufgrund des personalisierten Endgerätes zum besseren Erreichen dieser Schritte bei. Letztlich impliziert dieses dargestellte Denken eine neue Ausrichtung: Der Konsument soll in den Mittelpunkt des unternehmerischen Handelns rücken[89] und damit erfolgt eine Orientierung weg vom Unternehmen bzw. dessen Prozessen hin zum Kunden[90] in einer langfristig angelegten Betrachtungsweise (**Langfristigkeitsziel**)[91]. Des Weiteren ist das integrierte CRM essenziell, welches die Fähigkeit beschreibt, das „[…] gesammelte Wissen um den Kunden auch dort hinzubringen, wo es benötigt wird"[92], um immer und überall kundenspezifisch agieren zu können (**Integrationsziel**)[93]. Das Charakteristikum der Ubiquität spielt in diesem Zusammenhang eine große Rolle. Die Zielsetzung liegt darin, den Kunden über Direktmarketing-Maßnahmen zu gewinnen, anschließend das Kundenverhältnis über Cross-/Up-Selling zu erweitern und zuletzt die Beziehung durch aktive Weiterverkaufsmaßnahmen zu halten.[94] Im Bezug auf MMI muss jedoch angemerkt werden, dass auch Servicegedanken, d.h. die aktive Pflege der Kundenbeziehung im Vordergrund stehen.

Nach Diller / Haas / Ivens (2005) lassen sich für die Prozesse des Kundenmanagements Zielgrößen ermitteln, welche in Effektivitäts- und Effizienzziele unterteilbar sind. Dabei meint **Effektivität**, „[…] dass die Aktivitäten um Kundenmanagement tatsächlich dazu

---

[85] Vgl. Hampe, Schwabe (2002), S. 314.
[86] Vgl. Schneider, Gerbert (1999), S. 152.
[87] Vgl. Schwarze, Schwarze (2002), S. 245.
[88] Vgl. Hippner, Wilde (2004), S. 7f.
[89] Vgl. Beck, Ivens (2006), S. 6.
[90] Vgl. Reinartz, Krafft, Hoyer (2004), S. 293.
[91] Vgl. Hippner, Wilde (2004), S. 10f.
[92] Cole (2007), S. 522.
[93] Vgl. Hippner, Wilde (2004), S. 12.
[94] Vgl. Schwarze, Schwarze (2002), S. 246.

beitragen, die Zielerreichung [...] zu verbessern"[95], wohingegen **Effizienz** beschreibt, auf welche Art und Weise die Ziele erreicht werden.[96] Welche Unterziele den beiden Oberzielen zugeteilt sind und welche Komponenten jeweils dazu gehören, kann der nachfolgenden Abbildung 6 entnommen werden und wird anschließend näher erläutert:

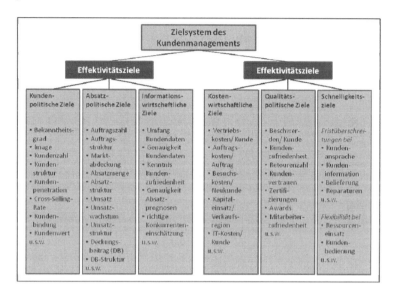

Abbildung 6: Zielsystem des Kundenmanagements
Quelle: Eigene Darstellung in Anlehnung an Diller, Haas, Ivens (2005), S. 59.

Die Komponenten der Effektivität werden folgendermaßen unterschieden: „**Kundenpolitische Ziele** betreffen das Verhalten und die Struktur der Kunden"[97], wie beispielsweise den Bekanntheitsgrad, die (Neu-)Kundenanzahl oder die Cross-Selling-Rate. MMI sollen demnach eine Marke oder ein Produkt dem Kunden näherbringen. **Absatzpolitische Ziele** orientieren sich an marktbezogenen Erfolgsgrößen (Absatzmengen, Deckungsbeiträge etc.), d.h. auch z.B. der Verkauf von Produkten (mCommerce) kann durch mobile Maßnahmen angeregt werden. **Informationswirtschaftliche Ziele** beschäftigen sich mit dem Wissen um den Markt, wobei im vorliegenden Fall v.a. die Verfügbarkeit kundenspezifischer Daten in Datenbanken in den Vordergrund rückt,[98]

---

[95] Diller, Haas, Ivens (2005), S. 58.
[96] Vgl. Diller, Haas, Ivens (2005), S. 58 und S. 60.
[97] Diller, Haas, Ivens (2005), S. 59.
[98] Vgl. Diller, Haas, Ivens (2005), S. 59f.

nachdem mittels der Identifikation, Lokalisierung etc. wertvolle Informationen generiert werden können. Bei der Unterscheidung der Effizienzziele liegt Kostenwirtschaftlichkeit vor, „[...] wenn ein gegebenes Effektivitätsziel [...] mit relativ geringen Kosten erreicht werden kann; [...] qualitätspolitische Ziele des Kundenmanagements betreffen den Fehlergrad der kundenpolitischen Prozesse; [...] **Schnelligkeitsziele** im Kundenmanagement spielen insbesondere in High-Tech-Märkten eine wichtige Rolle, gewinnen aber auch generell an Bedeutung, weil die Marktdynamik zunimmt"[99]. Gerade letzteres spielt im Bereich des hier betrachteten mobilen CRM (mCRM) eine wichtige Rolle, da dieses in den letzten Jahren aufgrund der rasanten Veränderungen bei den technischen Möglichkeiten an Relevanz gewonnen hat. Aber auch die Erreichung der **kostenwirtschaftlichen Ziele** wird aufgrund der Digitalisierung der Produkte oder Services durch mobile Aktivitäten positiv beeinflusst. Außerdem ermöglicht die Interaktion im Bereich der **qualitätspolitischen Ziele** beispielsweise eine Verbesserung des Beschwerdemanagements. MMI dienen jedoch nicht nur zur verbesserten Effizienz auf Unternehmensseite, sondern aufgrund des dadurch möglichen individuelleren Kundenmanagements zu einem Nutzen und damit **Mehrwert** aus Sicht des Kunden.

Nachdem die Charakteristika der Mobilität und die Grundlagen des Kundenmanagements ausführlich beleuchtet worden sind, wird anschließend der Beitrag der Mobilität für das Kundenmanagement (mCRM) erläutert.

2.4 Vom Kundenmanagement zum mobilen Kundenmanagement

In der nachfolgenden Abbildung 7 wird zusammenfassend die Entstehung des mCRM durch die Mobilität und deren Charakteristika bzw. Vorteile (s. Kap. 2.1) einerseits und die Ziele des CRM andererseits (s. Kap. 2.3.3) visualisiert.

---

[99] Diller, Haas, Ivens (2005), S. 60f.

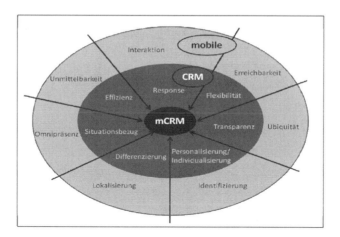

Abbildung 7: Entstehung und Vorteile des mCRM
Quelle: Eigene Darstellung.

Das wichtigste Potenzial, das die Mobilität für das CRM mit sich bringt, ist die Möglichkeit der **Personalisierung** und damit der Individualisierung der Leistung.[100] Diese basiert auf der Identifikation des Nutzers und der Lokalisierbarkeit. Dadurch wird das kundenpolitische Effektivitätsziel erfüllt, weil das Wissen über den Kunden steigt bzw. schneller für das Unternehmen verfügbar ist. Weiterhin kann für den Kunden die **differenzierte Ansprache** garantiert werden, welche sich beispielsweise in der Preis- und Mehrwertgestaltung niederschlägt.[101] Aufgrund der damit einhergehenden Minderung der Unzufriedenheit können die Beschwerden verringert werden. Dies erfüllt die qualitätspolitische Zielgröße und steigert somit die Effizienz. Außerdem kann die **Flexibilität**[102] aufgrund der Ubiquität garantiert werden[103] und der Nutzer erhält immer eine **situationsbedingte Leistung**[104], welche für ihn zu jenem Zeitpunkt an jenem Ort von Relevanz ist. Es kann hier von einer Sensitivität des Kontextes gesprochen werden, d.h. die Berücksichtigung der zusammenspielenden Komponenten, wie z.B. Person, geographische Lage oder physisches Umfeld.[105] „Ziel ist es, dem Kunden ein Angebot zu offerieren, das er im Moment der Ansprache wünscht."[106] Dadurch steigt die Erfüllung des absatzpolitischen Ziels, da die Nähe zum Kunden die

---

[100] Vgl. Kurkovsky, Harihar (2005), S. 227.
[101] Vgl. Picot, Neuburger (2002), S. 62.
[102] Vgl. Schierholz, Kolbe, Brenner (2007), S. 835.
[103] Vgl. Jenkins (2006), S. 60.
[104] Vgl. Wehrmann (2004), S. 21.
[105] Vgl. Schierholz, Kolbe, Brenner (2007), S. 834.
[106] Möhlenbruch, Schmieder (2002), S. 81.

Chance offeriert, beispielsweise höhere Absatzmengen zu erzielen. Auch das Merkmal Erreichbarkeit ermöglicht eine bessere Kontaktaufnahme mit dem Nutzer, da dieser, wie bereits erläutert, jederzeit angesprochen werden kann.[107] Weiterhin bietet das mCRM den enormen Vorteil, dass der Kunde aufgrund der Interaktionsmöglichkeit, welche das mobile Endgerät bietet, einen direkten **Response**-Kanal, d.h. Rückkanal, zur Verfügung hat, womit eine Verbesserung des CRM (z.B. Beschwerdemanagement) durch mobile Komponenten erreicht wird.[108] Die informationswirtschaftliche Zielgröße aufgrund der Identifizierung und der Lokalisierung wird ebenfalls bedient, weshalb von einer Steigerung der Effektivität gesprochen werden kann. Nicht zuletzt erhöhen v.a. die Faktoren Ubiquität und Interaktion die **Transparenz** der Prozesse, weil Informationen durchschaubarer sind und so steigt gleichzeitig die **Effizienz**, da die Lücke zwischen der Informationsentstehung und -nutzung schneller geschlossen werden kann.[109] Dies bezieht sich v.a. auch auf Kostenwirtschaftlichkeitsziele. Nicht zuletzt kann umfassend für alle Charakteristika festgestellt werden, dass das Effizienzziel Schnelligkeit durch Mobilität aufgrund der Orts- und Zeitungebundenheit sowie weiterer Merkmale besser erreicht werden kann. Aber nicht nur das Unternehmen, sondern auch der Nutzer wünscht sich diese Zeitersparnis[110] sowie die bereits erwähnten Vorteile einer individuelleren Ansprache etc., da für ihn der Nutzen steigt.

Tabelle 1 stellt den Beitrag der Mobilitätscharakteristika für die Effektivitäts- und Effizienzziele im Kundenmanagement zusammenfassend dar. Im Anschluss wird auf Basis der geschaffenen Grundlagen auf spezifische MMI und deren Erfolgspotenziale eingegangen.

Oberziel	EFFEKTIVITÄT			EFFIZIENZ		
Unterziel	Kundenpolitisch	Absatzpolitisch	Informationswirtschaftlich	Kostenwirtschaftlichkeit	Qualitätspolitisch	Schnelligkeit
Steigerung der Zielerreichung durch „mobile"	Identifikation, Lokalisierung etc. → Wissen über Kunden steigt	Nähe zum Kunden → Chancen erkennen	Response-Möglichkeit, Identifizierung → Bessere Kundendaten	Nähe zum Kunden → Weniger Aufwand, Datenbezug, Transaktionen etc.	Identifikation, Lokalisierung etc. → personalisierter, individueller etc.	Immer und überall verfügbar → schneller

Tabelle 1: Charakteristika der Mobilität als treibende Faktoren zur Erreichung von Effektivitäts- und Effizienzzielen
Quelle: Eigene Darstellung.

---

[107] Vgl. Wehrmann (2004), S. 19.
[108] Vgl. Brand, Bonjer (2002), S. 292.
[109] Vgl. Schierholz, Kolbe, Brenner (2007), S. 835.
[110] Vgl. Kölmel, Hubschneider (2002), o.S.

3. MMI im Kundenmanagement

Da es in der Praxis eine Vielzahl an unterschiedlichen MMI gibt, müssen diese zunächst klassifiziert werden. Darauf aufbauend gilt es, die strategischen und operativen Erfolgsbeiträge der Instrumente für das Kundenmanagement konkret herauszuarbeiten und zu diskutieren. Zum Abschluss des Kapitels erfolgt die Entwicklung einer eigenen Systematisierung von MMI im Kundenmanagement.

3.1 Klassifizierung der MMI

Die MMI können zum einen nach der Art des Dienstes und zum anderen nach der Art der Dienstanforderung unterschieden werden, worauf in den nachfolgenden zwei Kapiteln eingegangen wird.

3.1.1 Art des Dienstes

In der Literatur finden sich mehrere Klassifizierungsgrößen von MMI, die sich letztlich relativ ähnlich sind.[111] Möhlenbruch / Schmieder (2002) nehmen eine Einteilung nach Information, Kommunikation und Interaktion sowie Angebotsmedium mit Transaktion vor.[112] Hinrichs / Lippert (2002) hingegen unterscheiden nach Inhalts-, Transaktions- und Responseorientierung.[113] Die jedoch am meisten verbreitete Klassifizierung erfolgt über die Kriterien Information, Entertainment und Transaktion.[114] Aus kundenpolitischer Sicht ist diese Kategorisierung sinnvoll, da nach der Art des Mehrwertes für den Kunden unterschieden wird. Deshalb kommt diese Betrachtung in der vorliegenden Arbeit zur Anwendung (s. Abbildung 8) und wird im Anschluss näher betrachtet. Unabhängig vom Übertragungsweg (s. Kap. 2.2.3) kann noch unterschieden werden, ob der Nutzer die Möglichkeit der Response nutzen kann.[115] Weitere Unterscheidungsmerkmale bleiben an dieser Stelle aus Gründen mangelnder Relevanz unberücksichtigt.[116]

---

[111] Weitere weniger relevante Einteilungsmöglichkeiten finden sich bei Silberer, Wohlfahrt, Wilhelm (2002), S. 207f; Schreiber (2000), S. 75f; Steimel, Paulke, Klemann (2008), S. 42-50.
[112] Vgl. Möhlenbruch, Schmieder (2002), S. 80.
[113] Vgl. Hinrichs, Lippert (2002), S. 70f.
[114] Vgl. Schreiber (2000), S. 88f.
[115] Vgl. Schäfer (2006), S. 100f.
[116] Es wäre eine Einteilung nach Formaten, d.h. textbasiert, grafisch oder binär (z.B. Klingeltöne), möglich, doch ist hier keine Klassifizierung zur Betrachtung der Anwendungsunterschiede auszumachen. Vgl. Hinrichs, Lippert (2002), S. 271f.

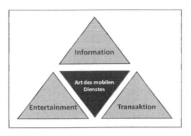

Abbildung 8: Art des mobilen Dienstes
Quelle: Eigene Darstellung.

Unter Instrumenten der **Information** werden Services verstanden, die dem Nutzer auf irgendeine Art und Weise Wissen vermitteln.[117] Produktinformationen oder Lagepläne, z.B. auf Messen oder am Point of Sale (POS), fallen unter diese Kategorie.[118] Zudem verbreiten sich sog. Location Based Services (LBS), d.h. Anwendungen, die auf einen bestimmten Ort bezogen sind[119] und situative Informationen, z.B. zu gebuchten Flügen (Verspätungen etc.).[120] An dieser Aufzählung lässt sich erkennen, dass Informationsdienste fast ausschließlich personalisierten Charakter aufweisen,[121] was dem Anforderungsziel des mCRM gerecht wird, dem Kunden durch Individualisierung einen Mehrwert zu erbringen.[122]

Entertainment bedeutet, dass das MMI dem Kunden einen Unterhaltungs-Mehrwert bieten soll, d.h. es dem Nutzer Spaß bringt, er es spannend findet und sich selbst unterhalten fühlt; ggf. ist er sogar emotional berührt. Dies ist unabdingbar, da der Kunde keinen direkten Mehrwert erhält. Demzufolge muss das MMI die Aufmerksamkeit des Nutzers wecken, damit dieser seine Zeit gerne dafür verwendet.[123] Entertainment-Angebote sind meist weniger personalisiert, sondern eher für die breite Masse ausgelegt.[124] Sie profitieren dahingegen meist von sog. **viralen Effekten**. „Unter viralem Marketing wird eine Marketingform verstanden, bei der existierende soziale Netzwerke ausgenutzt werden, um

---

[117] Informationen, wie z.B. Nachrichten, Wetter, Börsennews, Staumeldungen, Navigationshilfen etc. bleiben unberücksichtigt, da dies nur Randerscheinungen sind und keine Rolle für das mobile Kundenmanagement spielen. Vgl. o.V. (2006a), S. 5; Schreiber (2000), S. 75.
[118] Vgl. Thunig (2007), S. 92.
[119] Vgl. Steimel, Paulke, Klemann (2008), S. 55.
[120] Vgl. Hampe, Schwabe (2002), S. 311
[121] Vgl. Schreiber (2000), S. 75.
[122] Vgl. Schierholz (2007), S. 57.
[123] Vgl. Brand, Bonjer (2002), S. 293f.
[124] Vgl. Schreiber (2000), S. 75.

die Aufmerksamkeit auf Marken, Produkte oder Kampagnen zu lenken, indem Nachrichten sich epidemisch, also wie ein Virus, verbreiten."[125] Leitet ein Kunde eine mobile Botschaft weiter oder erzählt davon, so verbreitet sich diese innerhalb kurzer Zeit und wird aufgrund der „Empfehlung" nicht als überflüssig betrachtet, sondern als wertvolle Information eines Freundes.[126] Anwendungen sind SMS-Kampagnen, mobile Spiele (mGames)[127], mGewinnspiele[128] oder die Möglichkeit, mobil an einem Voting (mVoting) teilzunehmen[129]. Eine etwas individuellere Anwendung im Bereich des Entertainments sind **Communities**. So soll es über das mobile Endgerät möglich sein, Fotos mit Bekannten auszutauschen, Verabredungen zu tätigen oder über einen mobilen Instant Messenger zu kommunizieren.[130] Hierzu sollen v.a. mobile Portale dienen, welche starkes Zukunftspotenzial haben, da die Kundenbindung durch geschickte Platzierung und durch fokussierte, aber sensible Kontaktaufnahme vorangetrieben werden kann.[131] Als Teilbereich kann **mAd** angesehen werden. Hier kann ein Unternehmen über Product Placement in einem Video, Film oder Spiel auf sich aufmerksam machen.[132] Allerdings steht dies nicht im Vordergrund, da wie bereits erläutert der Kerngedanke des mCRM nicht bedient wird.[133]

Im Bereich der mobilen **Transaktionen** gibt es bisher nur einige wenige praktizierte Anwendungen. Dennoch bergen sie ein nicht zu vernachlässigendes Potenzial, nachdem sie dem Kunden oftmals eine wesentliche Erleichterung bei der Abwicklung von Transaktionsgeschäften bieten, da sie von unterwegs erledigt werden können. Ein Beispiel ist die mobile Ticketbestellung (mTicketing), d.h. der Kunde registriert sich einmalig und kann dann regelmäßig mit seinem Handy für einen Dienst bezahlen, z.B. bei der Nutzung öffentlicher Verkehrsmittel.[134] Eine weitere beliebte Möglichkeit ist das Versenden von Gutscheinen oder Rabatthinweisen von Unternehmen auf das Mobiltelefon des Kunden

---

[125] o.V. (2007b), S. 26.
[126] Vgl. Langner (2007), S. 659f.
[127] Vgl. o.V. (2007a), S. 4.
[128] Vgl. Seiler (2005), S. 388.
[129] Vgl. Dufft, Wichmann (2003), S. 27.
[130] Vgl. Dufft, Wichmann (2003), S. 26.
[131] Vgl. Birkel (2007), S. 482.
[132] Vgl. Steimel, Paulke, Klemann (2008), S. 43.
[133] Außerdem werden Downloads komplett ausgeschlossen, da diesen Anwendungen normalerweise ein eigenes Geschäftsmodell zugrunde liegt und sie damit nicht in den Bereich des mCRM fallen. Vgl. Melter, Sonntag (2005), S. 43; o.V. (2008a), S. 8; o.V. (2006a), S. 5.
[134] Vgl. Hermes (2008), S. 32.

(mCouponing).[135] Die mobile Bezahlung (mPayment) stellt eine weitere interessante Anwendung im Transaktionsbereich dar. So können Dinge nicht nur bestellt und eingekauft (mCommerce), sondern gleich mobil bezahlt werden.[136] Die Abrechnung kann hierbei über die Mobilfunkabrechnung, einen speziellen Service[137] oder sofort über das eigene Bankkonto erfolgen[138].

Nachdem die Unterscheidung der Art des Dienstes vollzogen ist, kann in nun differenziert werden, auf welcher Basis der Dienst dem Kunden zur Verfügung gestellt wird.

3.1.2 Art der Dienstanforderung

Bei der Art der Dienstanforderung wird nach dem sog. Push- und Pull-Prinzip unterschieden. Beim ersten erhält der Kunde Informationen, Services etc. ohne vorher jedesmal aktiv werden zu müssen, wohingegen das zweite die unmittelbare Aktivität des Nutzers voraussetzt.[139] Beide Ansätze ermöglichen im mCRM eine noch personalisiertere Ansprache des Kunden. Beim **Push** bekommt die Person unaufgefordert ihren Dienst, jedoch unter der Voraussetzung, dass mittels einer Registrierung, welche die Erstellung eines Benutzerprofils ermöglicht, zuvor die Erlaubnis erteilt wurde.[140] Beim **Pull** fordert der Kunde den Anbieter auf, ihm situationsbezogene Dienste zukommen zu lassen[141], wodurch Daten über den Kunden gesammelt werden können[142]. Im Bereich des Pull ist erkennbar, dass Interaktionsgedanke über den Rückkanal mehr zum Tragen kommt.[143] Beide Dienste können im Hinblick auf die Lokalisierbarkeit zum Einsatz kommen:[144] Bei Push könnten einem Fahrgast in öffentlichen Verkehrsmitteln lokationsbezogene Mehrwertdienste, z.B. Sonderangebote eines nahegelegenen Kaufhauses, geboten werden. Im Falle des Pull würde er gezielt nach Umkreisinformationen fragen, z.B. nach einem Sportgeschäft.[145] Abbildung 9 verdeutlicht den Unterschied zwischen Push- und Pull-Kommunikation:

---

[135] Vgl. Clemens (2003), S. 59.
[136] Vgl. Seiler (2005), S. 390.
[137] Vgl. Schwarze, Schwarze (2002), S. 155.
[138] Vgl. Pousttchi (2005), S. 27.
[139] Vgl. Kaeding (2002), S. 195.
[140] Mehr Informationen zur rechtlichen Lage: Vgl. Link, Schmidt (2002), S. 139; Schäfer (2006), S. 39; u.a.
[141] Vgl. Schäfer (2006), S. 114.
[142] Vgl. Silberer, Schulz (2007), S. 11f.
[143] Vgl. Schäfer (2005), S. 397.
[144] Vgl. Link, Schmidt (2002), S. 140.
[145] Vgl. Kölmel, Hubschneider (2002), o.S.

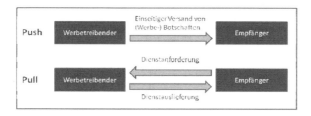

Abbildung 9: Pull- und Push-basierte Kommunikation
Quelle: Eigene Darstellung in Anlehnung an Dufft, Wichmann (2003), S. 15.

MMI sollen in der vorliegenden Arbeit nicht nur dargestellt und klassifiziert, sondern v.a. deren Erfolgsbeiträge mit Blick auf das Kundenmanagement herausgearbeitet werden. Dies soll in den nachfolgenden Kapiteln geschehen.

3.2 Der strategische Erfolgsbeitrag von MMI für das Kundenmanagement

Wie bereits in Kapitel 2.3.3 erläutert, liegt der Fokus auf der Orientierung am langfristigen Beziehungserfolg und damit aus strategischer Perspektive nicht nur auf einzelnen Transaktionen. Damit ist eine Abstimmung auf die Dynamik von Kundenbeziehungen, die sich im Kundenlebenszyklus widerspiegeln, notwendig. Die zugrunde liegende Prämisse ist, dass Umsatzwachstum eher durch Kundenbindung erzielt wird anstatt durch Neukundengewinnung (s. Kap. 2.3.1). Folglich steht die bewusste Orientierung am Customer-Life-Cycle-Value (CLCV) im Mittelpunkt.[146] Dies impliziert die langfristige Orientierung am Kundenwert, worunter „[...] ein spezifisches Maß für die ökonomische Bedeutung eines Kunden, d.h. dessen direkte und indirekte Beiträge zur Erreichung von Anbieterzielen"[147], verstanden wird. Die in Abbildung 10 dargestellte Konzeptionalisierung des Kundenwertmodells von Diller (2007) legt hierbei acht verschiedene Kundenteilwerte im Beschreibungsmodell zugrunde, welche nachfolgend näher betrachtet und operationalisiert werden.

---

[146] Vgl. Diller (2002), S. 205.
[147] Diller (2007), S. 95.

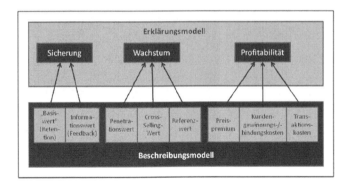

Abbildung 10: Kundenwertmodell von Diller
Quelle: Eigene Darstellung in Anlehnung an Diller (2007), S. 96.

Der Basiswert spiegelt den letztperiodigen Umsatz des Kunden wider, der Informationswert orientiert sich an der Auskunfts- und Beschwerdebereitschaft des Kunden. Gemeinsam dienen sie dem Oberziel der Sicherung. Der Penetrationswert, welcher die zusätzlichen Umsatzpotenziale des Kunden im bisher abgedeckten Programmbereich erfasst, der Cross-Selling-Wert, welcher das Umsatzpotenzial nicht bedarfsverwandter Produkte des Kunden umschreibt und der Referenzwert, welcher auf Empfehlungen bestehender Kunden an neue basiert, fördern das Oberziel Wachstum. Zuletzt dienen folgende Komponenten der Profitabilität: das Preispremium, d.h. die Preisbereitschaft der Kunden, der negative Transaktionskostenwert – dieser Kundenteilwert ist umso höher, je weniger Transaktionskosten anfallen – und die Kundengewinnungs- und -bindungskosten.[148] Zu erkennen ist, dass es sich bei den Teilkomponenten um Vergangenheitsgrößen und Potenzialwerte handelt. Letzteres ist im Sinne einer ganzheitlichen Kundenbindungsbetrachtung notwendig, da eine mehrperiodige Abbildung des Kundenwertes der erforderlichen Orientierung am Kundenlebenszykluswert (CLCV) entspricht.

Um von einem strategischen Erfolgsbeitrag sprechen zu können, ist von besonderer Relevanz, warum MMI eingesetzt werden, d.h. was deren Beitrag zur Erreichung der generischen Unternehmensziele Sicherung, Wachstum und Profitabilität ist. Durch die Charakteristika der mobilen Anwendungen verbessert sich das Kundenmanagement im Hinblick auf die Entwicklung des Kundenwertes: Die Nähe zum Kunden verbessert den

---

[148] Vgl. Diller (2007), S. 97-101.

Basiswert, da der Umsatz aufgrund des entstehenden Vertrauensverhältnisses gesichert werden kann. Der **Informationswert** kann schneller erzeugt werden und zudem kann das Unternehmen noch mehr bzw. fundierteres Wissen generieren. So werden über den Kunden bei der Abfrage von Informationen, z.b. Location Based Services über das Mobilfunknetz oder Angaben zum Produkt über Bluetooth-Säulen, bereits wertvolle Daten gewonnen. Das Unternehmen weiß so, wo sich der Kunde befindet, wofür er sich interessiert etc. Der Informationswert steigt v.a., wenn der Kunde mehrmals auf solch einen Dienst zurückgreift, da die Daten summiert werden können. Die Einfachheit der Zuordnung liegt hierbei in der eindeutigen Identifikation des Nutzers durch das Handy als personalisiertes Medium mithilfe der SIM-Karte / Rufnummer (s. Kap. 2.1). Außerdem spielt die Interaktion eine wichtige Rolle. So impliziert die Response-Möglichkeit die Steigerung des Informationswertes – schließlich kann der Kunde „Feedback" geben und damit wichtige Informationen an das Unternehmen herantragen. Die gewonnenen Daten können stets im CRM analysiert und weiterverwendet werden.

Weitere Vorteile ergeben sich durch MMI beim Oberziel Wachstum: So steigen der **Cross-Selling-** und der **Penetrationswert**, da sich durch die Mobilität aufgrund der Nähe zum Nutzer die Angebotsunterbreitung einfacher gestaltet und so ein Mehrwert generiert werden kann. Dieser dient als Wechselbarriere gegen die Abwanderung zu anderen Anbietern und regt den Kunden dazu an, beim ursprünglichen Unternehmen noch weitere Produkte oder Services in Anspruch zu nehmen. Nicht zuletzt kann in diesem Zusammenhang durch die Charakteristika der Mobilität eine Steigerung des **Referenzwertes** erzielt werden. Dies kann v.a. durch virale Effekte erreicht werden, die extrem effizient sind.[149]

Weiterhin kann ein Erfolg über den Wert des **Preispremiums** durch mobile Aktivitäten erreicht werden, da der Kunde vom Blickwinkel des situativen Marketings eine höhere Preisbereitschaft gegenüber vielen Diensten (z.B. LBS) besitzt, da er genau im Moment der Anforderung diese Unterstützung durch das Unternehmen benötigt. Bei den **Kundenbindungskosten** ist die Wertentwicklung des Kunden nicht genau vorhersehbar. Auf der einen Seite ermöglichen die Vorteile der mobilen Ansprache Individualität, womit die Kundenbindung beispielsweise schneller und damit kostengünstiger erreicht werden kann. Auf der anderen Seite sind grundsätzlich die Kosten pro Kontakt bei Massenwerbung

---

[149] Vgl. Oswald, Tauchner (2005), S. 114.

geringer als bei personalisierter Ansprache. Nicht zuletzt fallen die **Transaktionskosten** durch die mobile Kontaktführung geringer aus. So ist der Kunde individuell ansprechbar und v.a. aufgrund der Digitalisierung der Produkte und Services fallen keine oder nur geringe Kosten für das Unternehmen an. Dies senkt die Kundengewinnungs- und Transaktionskosten, was zu einer Steigerung des Kundenwerts aufgrund höherer Profitabilität führt. Allerdings muss beachtet werden, dass die Implementierung entsprechend notwendiger Prozesse (z.B. bei mPayment) zusätzliche Kosten hervorruft. In diesen Fällen muss die Entwicklung des Kundenwertes über den Lebenszyklus hinweg spezifisch analysiert werden.

Die nachfolgende Tabelle 2 fasst die gewonnenen Erkenntnisse des strategischen Erfolgsbeitrages von MMI in Kombination mit der Betrachtung des CLVC kurz zusammen:

Oberziel	Sicherung			Wachstum			Profitabilität		
Wert	Basiswert	Infowert	Penetrations-wert	Cross-Selling-Wert	Referenz-wert	Preispremium	Kunden-gewinnungs-/bindungs-kosten	Transaktions-kosten
Steigerung der Zielerreichung durch „mobile"	Nähe zum Kunden → Wechsel-hürden	Lokalisierung, Identifikation → Mehr/ andere Infos	Identifikation, Lokalisierung, Ubiquität → Einfachere Datengewinnung ; daher punktgenauere Angebote, welche als Wechselbarriere dienen	Mobiles Endgerät → Virale Effekte		→ Kostenlose persönliche Services, daher höhere Preis-bereitschaft ggü. kosten-pflichtigen	Ubiquität, Lokalisierung, Identifizierung etc. → Generierung Mehrwert	Digitale Produkte und Services → Geringere Kosten, Schnelligkeit der Abwicklung

Tabelle 2: Die Vorteile der Mobilität für die Entwicklung des Kundenwertes
Quelle: Eigene Darstellung.

Die dargelegte Betrachtungsweise des strategischen Erfolgsbeitrages hat einen ersten Eindruck vermitteln können, warum sich MMI für das Kundenmanagement lohnen. Allerdings ist diese Anschauung sehr abstrakt, weshalb in einem nächsten Schritt der operative Erfolgsbeitrag näher beleuchtet wird, um konkrete Potenziale einzelner Instrumente zu prüfen.

3.3 Der potenzielle Erfolgsbeitrag von MMI für das operative Kundenmanagement

Nach Diller / Haas / Ivens (2005) lässt sich das Verkaufsgeschehen generisch in die Teilbereiche Kundenannäherung, -gewinnung und -pflege unterteilen.[150] Dabei bezieht sich ersteres auf alle Aktivitäten bis zum Kontakt mit dem Kunden, d.h. der Vorbereitung. Die Kundengewinnung nimmt diese als Input, um Aufträge des Kunden als Output zu generieren. Zuletzt dienen die nachgelagerten Aktivitäten der Kundenpflege dazu, den Wiederkauf oder die Empfehlung des Unternehmens durch den Kunden an potenzielle Kunden anzuregen.[151] Diese Anschauung eignet sich sehr gut für das Aufdecken der potenziellen Beiträge, da es sich um generische Prozesse mit dahinter stehenden Teilaktivitäten handelt, wodurch der Erfolg über entsprechende Kennzahlen messbar wird. Unterscheidet man nach oben genannten Prozessen, so ist zu erkennen, dass operative Erfolgsbeiträge durch die Charakteristika der Mobilität im Kundenmanagement erzielt werden können, welche in Abbildung 11 zusammengefasst und im Folgenden näher erläutert werden:

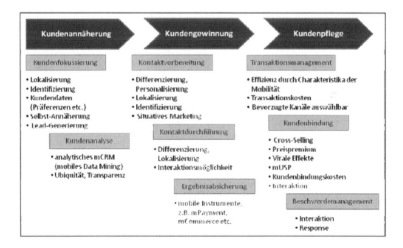

Abbildung 11: Die Vorteile von MMI im Prozess des Kundenmanagements
Quelle: Eigene Darstellung in Anlehnung an Diller, Haas, Ivens (2005), S.44.

---

[150] Die drei Prozesse lassen sich wiederum in verschiedene operative und strategische Prozesse unterteilen, was an dieser Stelle aber von geringfügiger Bedeutung ist. Vgl. Diller, Haas, Ivens (2005), S. 43.
[151] Vgl. Diller, Haas, Ivens (2005), S. 43.

Bei der **Kundenannäherung** kann durch die Identifizierung, Lokalisierung und weitere Daten, wie z.B. Präferenzen bezüglich Produkten oder Services, im Hinblick auf die Kundenfokussierung zielgerichteter agiert werden. Wenn sich zum Beispiel das eingeschaltete Bluetooth-Telefon im Empfangsgebiet eines entsprechenden Senders befindet, erhält der Nutzer die gewünschte Information anonym auf das Handy.[152] Das Unternehmen hingegen erhält wertvolle Informationen (Aufenthaltsort, Interessen etc.), welche automatisch gespeichert und im analytischen mCRM verarbeitet werden. Es handelt sich hierbei um eine wertvolle Leadgenerierung für das Unternehmen. Wie bereits in Kapitel 3.2 erläutert, steigt die Effizienz v.a. bei mehrmaliger Inspruchnahme eines mobilen Dienstes, da die gewonnen Daten immer präziser werden. Die Ubiquität in zeitlicher und örtlicher Hinsicht verstärkt dieses Argument und verdeutlicht weiterhin die Transparenz. Diese ermöglicht eine zielgenauere Beobachtung und Analyse des Kunden. Ein weiterer entscheidender Vorteil bei MMI ist die Tatsache, dass sich der Kunde oftmals „selbst annähert" – sei es durch andere Kontaktkanäle (z.B. bei online-Registrierung) oder durch die Tatsache, dass der Kunde zu seinem Vorteil agiert und dadurch dem Unternehmen „automatisch" wertvolle Informationen zukommen. So lässt sich auf den Nutzer und sein Verhalten bzw. seine Prioritäten schließen, je nach Situation und in Anspruch genommenem Dienst.

Im Bereich der **Kundengewinnung** kann zunächst festgehalten werden, dass sowohl der Kontaktvorbereitung als auch -durchführung der Vorteil der Differenzierung und Personalisierung zugute kommt. Dieser gründet in der Möglichkeit der Identifizierung und Lokalisierung des Kunden und wird durch die Interaktion verstärkt. So kann der Nutzer die Möglichkeit der Response in Anspruch nehmen, wodurch die Kontaktgewinnung verbessert wird; der Kunde handelt jedoch im eigenen Sinne, da er sich einen nutzenstiftenden Kontakt mit dem Unternehmen erhofft. Auch die Ergebnisabsicherung kann durch die sehr flexible, aber sehr spezifische Ansprache der Zielperson erzielt werden. Die MMI vereinfachen die Abwicklung, da (z.B. durch mPayment oder mCommerce) kein Medienbruch eintritt und keine Zeitverzerrung zu erwarten ist. Es kann demzufolge von einer Verschmelzung der Funktionen gesprochen werden.

---

[152] Vgl. Zunke (2008), S. 35.

Bei der **Kundenpflege** wird zum einen das Transaktionskostenmanagement verbessert, weil mithilfe von MMI schneller und genauer agiert werden kann, womit die Kosten geringer gehalten werden können. Weiterhin erfolgt ein optimaleres Beschwerdemanagement, da der Kunde relativ einfach die Möglichkeit der Response nutzen kann, welche es ihm erleichtert, mit dem Unternehmen in Kontakt zu treten. Dadurch kann eine noch bessere Analyse gewährleistet werden. Zuletzt gibt es einige Vorteile im Bereich der Kundenbindung: beispielsweise kann durch Cross-Selling-Angebote oder das Ausnutzen des Preispremiums (vgl. Kap. 3.2) der Absatz zusätzlicher Produkte oder Services vorangetrieben werden. Dies führt zum Ausschöpfen der maximal möglichen Konsumentenrente – der Kunde wird gebunden und es würden ihm Wechselkosten entstehen.[153] Weiterhin ist dies ein gutes Mittel im Produkt-Bereich des Marketing-Mixes, da eine mobile Unique Selling Proposition (mUSP) über die Gratisdienste erreicht werden kann und dennoch kostenpflichtige Produkte angeboten werden können.[154] Zudem verstärken virale Effekte den Kundenbindungsaspekt, da der bereits gewonnene Kunde durch Empfehlungen an Bekannte weiter an das Unternehmen gebunden wird. Zuletzt können die Kundenbindungskosten aufgrund der Charakteristika der Mobilität (s. Kap. 2.1) gesenkt werden. Im Hinblick darauf ist auch die Interaktionsmöglichkeit von besonderer Bedeutung.

Um die operativen Erfolgspotenziale von MMI zum einen genauer und zum anderen allgemeingültiger betrachten zu können, soll im nachfolgenden Kapitel ein Systematisierungsmodell entwickelt werden. Daran schließt die wissenschaftliche Aufarbeitung der Praxisbeispiele an, da bei der Ermittlung der Erfolgspotenziale stets eine fallspezifische Betrachtung notwendig ist.

---

[153] Vgl. Hampe, Schwabe (2002), S. 307.
[154] Vgl. Oswald, Tauchner (2005), S. 128f.

3.4 Systematisierungsmöglichkeiten zur Aufdeckung potenzieller Erfolgsbeiträge von MMI im operativen Kundenmanagement

Die Betrachtung des operativen Kundenmanagements ist an dieser Stelle sinnvoll, da die strategische Anschauung etwas zu vage ist und die potenziellen Erfolgsbeiträge unternehmensabhängig sind. Für die Erarbeitung eines Systematisierungsmodells müssen in einem ersten Schritt die Anzahl und die Art der Dimensionen des Modells erarbeitet werden.

Um von Erfolgsbeiträgen sprechen zu können, ist zunächst zu klären, was unter Erfolg verstanden wird. In dieser Arbeit bedeutet Erfolg die Erreichung von Zielen eines vorher definierten Zielsystems, wobei jenes des Kundenmanagements herangezogen wird (s. Kap. 2.3.3). Dies bedeutet, dass die nachfolgend näher betrachteten MMI in einer Dimension nach deren Beitrag zur Effektivitäts- bzw. Effizienzsteigerung im operativen Kundenmanagement systematisiert werden sollen. In einem nächsten Schritt gilt es, die zweite Dimension festzulegen. Dies gestaltet sich etwas aufwändiger, da die verschiedenen Möglichkeiten zunächst beleuchtet und abgewogen werden müssen.

Eine erste Betrachtungsweise wäre, das **CRM als Informationszyklus** anzusehen. Auf diese Weise soll gewährleistet werden, dass auf der einen Seite der Individualisierungsgedanke nicht zu kurz kommt, auf der anderen Seite der Kostenaspekt nicht vernachlässigt wird. Man spricht in diesem Zusammenhang von „Mass Customization".[155] Der CRM-Zyklus (s. Abbildung 12) dient dazu, die bereits bestehenden Kundendaten zu analysieren, darauf aufbauend eine Strategie zu entwickeln und ein Angebot zu erstellen, bevor Vertriebs- und Servicemaßnahmen erfolgen. Per Response-Tracking und Controlling wird wiederum die Grundlage für weitere Analysen gesetzt.[156]

---

[155] Vgl. Bauer, Hammerschmidt, Donnevert (2007), S. 57.
[156] Vgl. Diller (2007), S. 111.

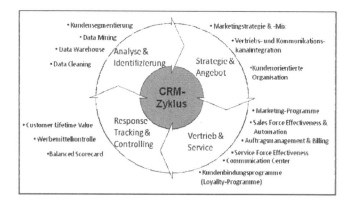

Abbildung 12: CRM als Informationszyklus
Quelle: Eigene Darstellung in Anlehnung an Strauß (2001), S. 250.

Diese Betrachtungsweise wird im vorliegenden Fall als wenig geeignet zur Systematisierung von MMI angesehen, da ein spezifisches Kunden-Unternehmen-Verhältnis außer Acht gelassen wird. So bleibt unberücksichtigt, in welcher Beziehungsphase sich die beiden Akteure befinden, allerdings wird bereits davon ausgegangen, dass ein Verhältnis besteht, da von vorhandenen Daten die Rede ist. Die Betrachtung der Vor-Beziehungsphase fehlt somit. Weiterhin findet die Dienstart Transaktion so gut wie keine Beachtung. Eine Einteilung der verschiedenen Mobile-Marketing-Maßnahmen ist zudem schwierig, da z.B. „Strategie und Angebot" nicht spezifiziert wird – jedoch ist dies zur Entwicklung einer Systematisierung essenziell. Damit scheidet der CRM-Zyklus als zweite Dimension aus.

Eine weitere zweckmäßige Möglichkeit, die zweite Dimension festzulegen wäre der **Kundenlebenszyklus**, welcher modellhaft die Dynamik einer Geschäftsbeziehung beschreibt (s. Abbildung 13). Diese beginnt mit einer Vor-Beziehungsphase, gefolgt von der Start- und Penetrationsphase, sollte der Kunde mit dem Unternehmen zufrieden sein. Nach der anschließenden Reifephase, welche dadurch gekennzeichnet ist, dass die Wachstumspotenziale ausgeschöpft sind, folgt die Krisenphase sowie die Trennungs- bzw. Revitalisierungsphase.[157]

---

[157] Vgl. Diller (2001), S. 865f.

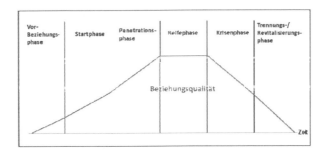

Abbildung 13: Kundenlebenszyklus
Quelle: Eigene Darstellung in Anlehnung an Diller (2001), S. 865.

Bei dieser Betrachtungsweise fällt auf, dass der Kundenlebenszyklus sehr allgemein dargestellt wird und v.a. keine Berücksichtigung des spezifischen Erfolgsbeitrags von MMI erfolgt. Es geht mehr um die Art und Weise bzw. die Intensität der Beziehung zwischen Unternehmen und Kunde, nicht aber um die Fragestellung, welche Maßnahmen dazu beitragen können, um die Kundenbindung zu erhöhen. Der Kundenlebenszyklus beleuchtet folglich einen eher strategischen Blickwinkel – wie also die Geschäftsbeziehung möglichst lange erhalten bleibt. Der Anspruch, eine zweite Dimension zu finden, welche mit Hilfe der Effektivitäts- und Effizienzziele eine Systematisierung erlaubt, wird damit nicht erfüllt. Verschiedene Maßnahmen wären auch in fast allen Phasen möglich, da das verfolgte Ziel immer generell die Kundenbindung ist, nicht jedoch ein spezifisches Ziel des Kundenmanagements auf Basis eines MMI. Daher ist auch der Kundenlebenszyklus als zweite Dimension nicht geeignet.

Eine andere Grundlage für die zweite Dimension könnte die technisch-funktionale Differenzierung nach Marketing, Sales und Service sein. Dabei wird allerdings vernachlässigt, inwieweit ein Erfolgsbeitrag identifiziert werden kann. Dies liegt unter anderem daran, dass die Funktionen untereinander nicht weiter spezifiziert werden. Der Grund hierfür liegt darin, dass sich diese Betrachtungsweise v.a. im Hinblick auf das komplette CRM-System etabliert hat, nicht aber die einzelnen Funktionen weiter in operative Maßnahmen eingeteilt sind, anhand derer der Erfolgsbeitrag von MMI identifizierbar wäre. Weiterhin – wie auch in Abbildung 5 erkennbar – geht es hierbei eher um die automatisierten Funktionen, d.h. welche Direktmarketing-Initiative wird ergriffen, wenn der Kunde ein bestimmtes Verhalten gezeigt hat (z.B. automatisches Versenden eines monatlichen

Newsletters nach Zustimmung ohne weitere Personalisierung). Bei der hier beschriebenen Anforderung geht es aber darum, operative Erfolgsbeiträge von MMI aufzudecken und zu systematisieren, wobei jene Funktionen von Bedeutung sind, welche einen Aufschluss darüber geben, warum gewisse Maßnahmen zu einem gewissen Zeitpunkt ergriffen werden. An dieser Stelle muss demzufolge festgestellt werden, dass die funktionale Betrachtung nach Marketing, Sales und Service differenziert ebenfalls nicht optimal geeignet ist.

Die dargelegten Blickwinkel als theoretische Grundlage für die zweite Dimension der gewünschten Systematisierung konnten aus den jeweils genannten Gründen nicht akzeptiert werden, weshalb eine andere Sichtweise gewählt werden muss. Dabei ist mit Fokus auf die vorangegangenen Kapitel zu erkennen, dass die drei **Kundenmanagement-Prozesse** Kundenannäherung, -gewinnung und -pflege bereits als sinnvolle Einteilung genutzt werden konnten (s. Kap. 3.3). Da es sich insbesondere um operative Prozesse handelt, ist die Einarbeitung des Zielsystems einfacher und auch die Potenziale sind besser ableitbar. Es handelt sich also um eine realitätsnahe Einteilung. Weiterhin sind die einzelnen Prozesse – wie ebenfalls bereits erläutert – in verschiedene Unterprozesse gliederbar, was wiederum dem Anspruch der Genauigkeit und Spezifizierung gerecht wird. Somit handelt es sich zwar um eine abstrakte, aber dennoch detaillierte Anschauung, wodurch eine Anwendung in allen Unternehmen gewährleistet ist.

Somit kann das Systematisierungsmodell mit der Dimension der Kundenmanagement-Prozesse auf der einen und der Dimension der Unterziele der Effektivität und Effizienz auf der anderen Seite bestimmt werden (Abbildung 14). Diese Einteilungsmöglichkeit von MMI dient im folgenden Kapitel als Basis, um die Erfolgspotenziale der Praxisbeispiele einordnen zu können.

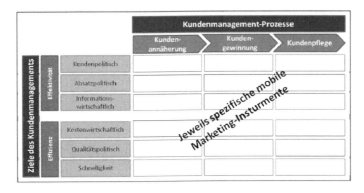

Abbildung 14: Dimensionen der Systematisierung potenzieller Erfolgsbeiträge von MMI im operativen Kundenmanagement
Quelle: Eigene Darstellung.

4. Erfolgspotenziale praktischer Anwendungen von MMI im operativen Kundenmanagement

Für die Betrachtung der praktischen Anwendungen müssen in einem ersten Schritt die entsprechenden Beispiele in der einschlägigen Literatur identifiziert werden (s. Kap. 4.1). Daran schließt die Unterscheidung verschiedener Mobile-Marketing-Agenturen (MMA) an, wobei zusätzlich auf einen Branchenspiegel der bekanntesten MMA in Deutschland verwiesen wird (s. Tabelle A1 und A2 im Anhang). Den Hauptteil dieses Kapitels stellt die Einordnung der Praxisbeispiele auf Basis der vorangegangenen Systematisierung dar, inklusive der Diskussion der Erfolgspotenziale der entsprechenden Instrumente je Zielsetzung und je Kundenmanagement-Prozess. Dieses Unterkapitel endet mit einem Überblick aller vorgestellten Fallbeispiele auf Basis der gewählten Systematik. Zum Abschluss werden die Praxisverheißungen kritisch gewürdigt.

4.1 Identifikation der Praxisbeispiele

Für eine praxisorientierte Identifizierung von MMI war zunächst eine Recherche nötig, welche Unternehmen welche Instrumente zu welchem Ziel verwenden. Die Beispiele wurden anhand einschlägiger Schlagworte, wie „mobile Marketing", „mobile Kampagne", „mobile Business", „mobile + CRM" zum einen über verschiedene Online-Datenbanken gesucht. Solche Datenbanken sind EBSCO Business Source Premier, Emerald oder Wisonet.de.[158] Mit Hilfe der gleichen Suchbegriffe wurde die Recherche auf den Universitätsbibliothekskatalog (OPAC – www.ub.uni-erlangen.de) und auf das frei zugängliche Internet über Google.de ausgeweitet. Zuletzt wurden Internetseiten bekannter MMA nach deren Referenzen untersucht. Aber auch Dissertationen, Diplomarbeiten und Arbeitspapiere anderer Universitäten sowie weitere Fachliteratur und Studien bestätigen, dass das Thema mobiles Marketing mehr und mehr an Relevanz gewinnt und stellen dies an Praxisbeispielen dar. Die Recherche deckt letztlich die Gesamtheit der MMI ab, auch wenn die Anzahl der bisher durchgeführten MMI quantitativ nicht erfasst werden kann, da diese unzählbar sind. Aufgrund der ausführlichen Suche kann jedoch nachgewiesen werden, die Breite erfasst zu haben. Die Ergebnisse der Schlagworteingabe bewegten sich zahlenmäßig zwischen einem halben Dutzend und über 12.000. Durch Überprüfen der Titel, der Abstracts etc. wurden die für die Arbeit relevanten Beiträge herausgefiltert. Insgesamt konnten weit über 100 Fallbeispiele identifiziert werden, wobei davon exemplarisch 20 ausführlich in Kapitel 4.3 für die Ermittlung der Erfolgspotenziale in den verschiedenen Kundenmanagement-Prozessen herangezogen werden.

4.2 Überblick der angebotenen Leistungen

Um die Arbeitsgebiete der einzelnen MMA zu verstehen, erfolgt an dieser Stelle ein kurzer Überblick über die verschiedenen Arten von Dienstleistern und die wichtigsten Agenturen in Deutschland.

Unternehmen, welche die Umsetzung von MMI übernehmen, können sich auf Teilbereiche spezialisiert haben oder aber bieten die komplette Agenturleistung an, welche zwischen dem Unternehmen und dem Rezipienten liegt.[159] Grundsätzlich lassen sich die Dienstleister in folgenden Kompetenzen unterscheiden:

---

[158] Es sind v.a. interessante Beispiele in Artikeln aus Fachzeitschriften wie *Absatzwirtschaft, Aquisa, Direkt Marketing, Horizont, International Journal of Electronic Commerce* oder *International Journal of Mobile Communications* zu finden.
[159] Vgl. Clemens (2003), S. 84.

- „Dienstleister, deren Kernkompetenz in der Planung und Konzeption von (Mobile-) Marketing-Strategien liegt,
- Anbieter von technischen Tools und Services für die Umsetzung von Mobile-Marketing-Maßnahmen,
- Anbieter, die sich v.a. auf die Ansprache geeigneter Zielgruppen und die Generierung von Kundenprofilen fokussieren,
- Full-Service-Anbieter, die alle Produkte und Dienstleistungen abdecken, die zur Konzeption und Umsetzung von Mobile-Marketing-Strategien nötig sind."[160]

Auf Basis der vorangegangenen Unterscheidung sollen die wichtigsten MMA vorgestellt werden. Da die Anzahl nicht exakt erfassbar ist, kann ein Anspruch auf Vollständigkeit nicht erfüllt werden.[161] Dennoch soll aufgezeigt werden, welche Unternehmen in diesem Bereich tätig sind und was deren Kernkompetenzen sind.[162] Die wichtigsten deutschen Agenturen, welche am längsten in der relevanten Branche aktiv sind sowie unzählige einschlägige Referenzen und dazugehörige Auszeichnungen aufweisen, werden im Anhang in Tabelle A1 genauer betrachtet. Es sind 12snap, MindMatics und yoc. Ein Überblick über knapp 60 weitere bekannte Anbieter, deren Kernkompetenz und wichtigste Referenzen kann Tabelle A2 im Anhang entnommen werden.

Bei eingehender Betrachtung dieses Überblicks fallen einige Trends in der Branche auf: So bieten die meisten Full-Service-Agenturen zwar alle Prozessschritte von der Idee bis zur Kampagnenumsetzung und Kontrolle an, jedoch sind sie meist auf bestimmte MMI spezialisiert, d.h. ein Unternehmen sollte zunächst wissen, welche Art von Maßnahme es plant und dementsprechend die Agentur dazu auswählen. Eine weitere Auffälligkeit ist, dass eigentlich alle genannten Anbieter renommierte Unternehmen als Referenzen aufweisen, wie z.B. BMW, Nike etc., aber auch viele Unternehmen bereits mehrere Agenturen und deren Dienste in Anspruch genommen haben. Zudem kann beobachtet werden, dass einige Agenturen andere MMA als Kunden haben, z.B. bei der Bereitstellung technischer Lösungen. Insgesamt kann die Branche somit als sehr komplex, verwickelt und verbunden angesehen werden, bei der die Wertschöpfungsketten ineinander greifen.

---

[160] Dufft, Wichmann (2003), S. 57.
[161] Vgl. Dufft, Wichmann (2003), S. 65.
[162] Der Fokus liegt dabei bei jenen Anbietern, die sich durch MMI einen Namen gemacht haben und weniger auf allgemein tätigen Kreativ- oder Mediaagenturen, die zu einem geringen Teil MMI mit einbauen.

4.3 Einordnung der Praxisbeispiele auf Basis der gewählten Systematik und Diskussion von Potenzialen

Nun sollen ausgewählte Praxisbeispiele dazu dienen, je nach Kundenmanagement-Prozess Kundenannäherung, -gewinnung und -pflege die Erfolgspotenziale anhand unterschiedlicher Effektivitäts- und Effizienz-Zielgrößen zu diskutieren. Dies erfolgt auf Basis der in Kapitel 3.4 erarbeiteten Systematik. Bei der Einordnung der Praxisbeispiele ist zu beachten, dass deren Entstehung nicht auf einem theoretischen Modell basiert und damit nicht immer eindeutig zu vollziehen ist. So können verschiedene MMI auf der einen Seite in unterschiedlichen Kundenmanagement-Prozessen zum Einsatz kommen. Andererseits ist anzumerken, dass oftmals nicht nur eine Zielgröße damit verfolgt wird sondern mehrere, welche sowohl aus dem Bereich der Effektivität, als auch aus der Effizienz stammen können, um einen möglichst großen Output zu generieren. Bei der Effizienz ist zu beachten, dass diese Potenziale oftmals nicht am Fallbeispiel erkennbar und damit nur ableitbar sind. Die Ursache hierfür liegt in der geringen Vorhersagekraft aufgrund der Unterschiede bei den Unternehmen und den MMI. Weiterhin muss darauf hingewiesen werden, dass es sich hauptsächlich um positive Fallbeispiele handelt, da nur diese in der Vielzahl veröffentlicht werden.

4.3.1 Prozess Kundenannäherung

Im Prozess der Kundenannäherung steht v.a. die Kundenfokussierung im Mittelpunkt. Der Schwerpunkt liegt hauptsächlich auf kundenpolitischen Zielen, da hier insbesondere die Bekanntheit des Unternehmens gesteigert, das Image verbessert oder die Kundenbindung erhöht werden soll. Auch informationswirtschaftliche Ziele, wie das Erheben von Kundendaten, die Kenntnis der Kundenzufriedenheit etc. sind von größerer Bedeutung. Kostenwirtschaftlichkeit kann erreicht werden, da der Kontakt zum Kunden durch sein omnipräsentes mobiles Endgerät oftmals mit geringeren Kosten möglich ist. Die Ubiquität garantiert teilweise das Erreichen von Schnelligkeitszielen. Absatz- und qualitätspolitische Ziele spielen dagegen eine eher geringfügige Rolle. Außerdem handelt es sich meist um MMI, welche der Kundenfokussierung dienen und nur bei der Verwertung von gewonnenen Informationen auch kundenanalytische Aspekte abdecken.

> **Fallbeispiel Wella „Kiss & Style"**
>
> Zur Image- und Awarenessteigerung in der jüngeren Zielgruppe entwickelte der Hairstyling-Spezialist Wella als einer der ersten eine SMS-Kampagne.
>
> Dabei erhielt die Zielgruppe eine SMS, in der die Empfänger dazu aufgefordert wurden, mobile Küsse als Voice-File per SMS an Personen zu versenden. 200.000 Kunden erhielten zunächst einen Anruf mit dem „mobilen Handy-Kuss". Per anschließender SMS wurde der Person mitgeteilt, von wem sie diesen erhalten hat und sie wurde dazu aufgefordert, diesen „Kuss" ebenfalls an Freunde zu verschicken (viraler Effekt). Weiterhin wurde ein Wettbewerb mit einem anschließenden Kuss-Contest ausgeschrieben: Der Versender der meisten Küsse erhielt als Preis eine Reise für zwei Personen.
>
> Die Erfolge waren groß: so wurden innerhalb von fünf Tagen ca. 55.000 SMS-Küsse versendet. Nach Kundenbefragungen stieg die Awareness der Marke in der Zielgruppe um über 90 %. Weiterhin gaben 85 % an, dass sie sich von der Aktion nicht belästigt fühlten.

Quellen: Clemens (2003), S. 64f; Dufft, Wichmann (2003), S. 33; o.V. (2001), S. 21.

Wie zu erkennen, spielt das kundenpolitische Ziel des Bekanntheitsgrades eine wichtige Rolle und wird durch virale Effekte erreicht. Erfolg versprechend können dabei nur jene MMI sein, welche eine einzigartige Idee transportieren.[163] Das folgende Beispiel aus der jüngeren Vergangenheit unterstreicht die Möglichkeiten. Dabei kommt ein weiterer zukunftsträchtiger Aspekt des web 2.0 – der „user generated content" – zum Tragen. Darunter wird die Inhaltsgenerierung durch den Nutzer verstanden. Dies birgt durch die weiterführenden Netzwerkeffekte sehr großes Potenzial.[164] So können noch mehr Kontaktdaten gewonnen werden, womit beispielsweise aufgrund des gemeinsamen Interesses die Grundlage für eine Community geschaffen werden kann.

---

[163] Vgl. Oswald, Tauchner (2005), S. 44.
[164] Vgl. Diller (2008), o.S.

> **Fallbeispiel McDonald's Hüttengaudi**
>
> 2008 kreierte 12snap (s. Tab. A1 im Anhang) einen Kreativwettbewerb für McDonald's. Unter dem Motto „Move your Lederhos'n" konnten McDonald's-Kunden auf der Kampagnenwebsite ein Portraitfoto hochladen und einen in bayerischer Tracht gekleideten Dummy nach eigenen Vorstellungen „schuhplattl'n" lassen. Die Kreation konnte anschließend per MMS an Freunde versendet werden.
>
> Die Effizienzmessung bestätigte den erwünschten Erfolg, denn innerhalb von neun Wochen wurden vier Millionen Seitenaufrufe und über 500.000 produzierte und versendete Videos registriert. Außerdem konnte der Fastfood-Markt einen großen Sympathiegewinn verzeichnen.

Quelle: Birkel, Kraus (2008), S. 30.

Eine andere Möglichkeit besteht darin, den viralen Effekt als Neben-Resultat erscheinen zu lassen. Dabei ist der Hauptanreiz für den Kunden also nicht das Weiterleiten der Botschaft, sondern z.B. ein Gewinnspiel. Dabei stehen für den Kunden der Fun-Faktor und der mögliche Gewinn im Mittelpunkt.[165] Das Unternehmen generiert auf diese Weise wertvolle Kontakte in seiner Zielgruppe.

> **Fallbeispiel „tic tac and talk"**
>
> 2004 kombinierte Ferrero seinen klassischen Marktauftritt von tic tac mit einer mobilen Kampagne, wobei v.a. die jüngere Zielgruppe angesprochen werden sollte und über Mund-zu-Mund-Propaganda weitere Kontakte generiert werden sollten.
>
> Im Internet, auf Produktverpackungen und am POS wurde ein Gewinnspiel promotet. Alle Teilnehmer, die an eine bestimmte Kurzwahl eine SMS schickten, waren potenzielle Gewinner von einem von 1.000 MMS-Handys. Erst in der zweiten Stufe konnten die Gewinnspielteilnehmer dann im Sinne des Mottos „tic tac and talk" eine Soundbotschaft per SMS an Freunde verschicken, welche je nach Tageszeit einen bestimmten Gruß enthielt.

Quelle: Vgl. Schäfer (2006), S. 108.

Das auch hier zum Tragen gekommene virale Marketing lässt sich effizient einsetzen, da in sehr kurzer Zeit eine hohe Reichweite realisiert wird[166] (Schnelligkeitsziel). Verstärkt werden kann der Effekt, indem eine Kampagne medienübergreifend gestaltet wird. Adidas führte beispielsweise eine Aktion zur Kundenannäherung bei der Markteinführung des neuen Duftes „3 by adidas" durch, bei der die Zielgruppe per SMS darauf aufmerksam

---

[165] Vgl. Oswald, Tauchner (2005), S. 43.
[166] Vgl. Urchs, Körner (2007), S. 673.

gemacht wurde, dass sie im Falle einer Rückantwort die Möglichkeit habe, sich selbst oder Freunden eine reale Duft-Postkarte zuschicken zu lassen.[167]

Ein weiterer Bereich im Prozess der Kundenannäherung ist jener, bei dem sich der Kunde sozusagen „selbst annähert". Das bedeutet, dass er entgegen der Funktionsweise beim viralen Marketing nicht durch andere Personen darauf aufmerksam gemacht wird, sondern selbst aktiv wird. Dies ist der Fall beim sog. Bluetooth-Marketing, welches aufgrund der hohen Übertragungsraten, der kostenfreien Verbindung und der „hohen" Reichweite von bis zu 100 Metern immer beliebter wird.[168] Voraussetzung ist allerdings, dass der Kunde sein Handy aktiviert hat.[169] Eine ähnliche Anwendung ist das mTagging, wobei die Potenziale vergleichbar sind. Durch ein solches MMI garantiert das Unternehmen die Leadgewinnung, wobei der Ort und damit die Situation von entscheidender Bedeutung ist.

Fallbeispiel BMW / MINI Bluetooth Promotion
MINI implementierte auf dem Pariser Autosalon 2006 eine Bluetooth-Idee, um die Kunden noch näher an den neuen MINI zu bringen.
Messebesucher, die ihr Handy und dessen Bluetooth-Funktion auf dem Autosalon eingeschaltet hatten, erhielten eine Systemanfrage, bei der sie der angebotenen Datenübertragung zustimmen konnten. War dies der Fall, sendete der Bluetooth-Point den neuen MINI auf das Handy, welcher sich analog der Drehrichtung des Handys ebenfalls drehte, um so von allen Seiten begutachtet werden zu können („Turn Your Mobile"-Technologie).
Die Besucher waren begeistert, dass sie den MINI trotz der Hektik einer Messe von allen Seiten betrachten und „mit nach Hause nehmen" konnten. Allerdings stellt sich die Frage, ob sich neben des positiven Imageeffektes weitere Potenziale ergeben. Ein Messegast fühlt sich deshalb noch nicht an das Unternehmen gebunden oder kauft deshalb gar das Auto. Auf der anderen Seite kann sich BMW auf diese Weise von den Wettbewerbern differenzieren.

Quelle: Vgl. Steimel, Paulke, Klemann (2008), S. 27.

Ein wichtiges Einsatzgebiet in diesem Zusammenhang ist die Integration von Bluetooth-Komponenten oder mTagging in klassische Medien. Die Deutsche Post bietet z.B. sog. „MobilePoints" bei der Außenwerbung (z.B. Citylight-Poster) an.[170] Ziel ist es, verschiedene Kommunikationskanäle zu verbinden, um den potenziellen Kunden möglichst

---
[167] Vgl. Oswald, Tauchner (2005), S. 185.
[168] Vgl. Küllenberg (2007), S. 492.
[169] Vgl. Thommes (2006), S. 72.
[170] Vgl. Steimel, Paulke, Klemann (2008), S. 27; Thommes (2006), S. 72.

lange zu halten und eine Interaktion anzuregen. Dabei ist der richtige Content für den Nutzer von entscheidender Bedeutung.[171]

Eine weitere Möglichkeit, bei der Kundenannäherung kundenpolitische Ziele zu verfolgen ist mAd. Dabei geht es im Hinblick auf das Kundenmanagement nicht darum, viele Kontakte zu generieren, sondern ganz im Sinne des Branding- und Imageaufbaus die richtigen, qualitativen Kontakte. Dies impliziert, dem potenziellen Kunden einen individuellen Mehrwert zu schaffen.[172] Banner oder Pop-Ups, die den kleinen Handy-Bildschirm überstrapazieren oder Massen-SMS sind weniger geeignet.[173] Dafür sind interaktive Links oder live Broadcasts gute Alternativen.[174] Fiat z.B. setzte beim Launch des Fiat Bravo auf die sportliche Zielgruppe und ging deshalb eine Kooperation mit dem Portal Sport1.at ein.[175] Allerdings muss stets darauf geachtet werden, dass der Zeitpunkt der Werbetätigkeit großen Einfluss auf das Erfolgspotenzial hat.[176] Zuletzt spielt die Glaubwürdigkeit der Nachricht eine entscheidende Rolle, da beim Empfänger andernfalls eine negative Erinnerung im Gedächtnis bleibt.[177]

Im Bereich der Kundenannäherung gibt es zudem die Möglichkeit, v.a. kundenpolitische Ziele, aber auch informationswirtschaftliche über aufmerksamkeitsstarke Aktivitäten zu erreichen. Dabei sind meist jene MMI interessant, die den Kunden aktiv einbinden, z.B. Votings, welche zudem Emotionen wecken. Da dem Kunden Mitsprache signalisiert wird, erfolgt oftmals eine Zweitverwendung im Sinne der Interaktion. Durch einen mehrstufigen Dialog können so Daten über den Kunden erhoben werden, welche dem Unternehmen zur Verfügung stehen.[178] In diesem Fall steht die Kundenfokussierung, aber auch -analyse im Vordergrund, welche durch die große Anzahl an Kontakten, ermöglicht wird.

---

[171] Vgl. Scornavacca, McKenzie (2007), S. 454.
[172] Vgl. Lahm (2008), S. 318.
[173] Vgl. Steimel, Paulke, Klemann (2008), S. 98.
[174] Vgl. o.V. (2007a), S. 4.
[175] Vgl. o.V. (2007c), S. 22.
[176] Vgl. Sharma, Herzog, Melfi (2008), S. 5.
[177] Vgl. Vatanparast, Asil (2007), S. 26.
[178] Vgl. Seiler (2005), S. 388.

> **Fallbeispiel yoc: Porsche „Cash oder Crash"**
>
> Um eine hohe öffentliche Aufmerksamkeit zu generieren und die Reichweite von MMI zu beweisen, hängte yoc (s. Tabelle A1 im Anhang) auf dem Potsdamer Platz in Berlin einen Porsche 911 in 50 Metern Höhe an einen Baukran.
>
> Über die Medien wurde kommuniziert, dass die Bevölkerung per SMS darüber abstimmen solle, ob der Porsche unter einem der Teilnehmer verlost wird oder in die Tiefe stürzen soll (mVoting). Das Motto lautete: „Cash oder Crash".
>
> Die Aktion war sehr erfolgreich, denn die Presse berichtete ausführlich darüber und zehntausende nahmen an der Abstimmung teil. Am Ende stimmten 52 % dafür, den Porsche abstürzen zu lassen. Yoc legte mit der Maßnahme den Grundstein der heute größten mobilen Community im deutschen Sprachraum mit 4,1 Mio. registrierten Nutzern. Diese wiederum kann seither als Basis für weitere MMI verschiedener Unternehmen verwendet werden, womit sich demzufolge auch Potenziale für das absatzpolitische Ziel ergeben.

Quelle: Vgl. Birkel, Kraus (2008), S. 27; Steimel, Paulke, Klemann (2008), S. 19.

Es existieren weiterhin Beispiele, bei denen informationswirtschaftliche und kundenpolitische Ziele gleichermaßen verfolgt werden, d.h. zum einen eine Steigerung des Bekanntheits- und Imagegrades im Vordergrund steht und zum anderen der Gewinn von bedeutenden Kundeninformationen, worauf sich wiederum die Kundenanalyse im Hinblick auf das analytische mCRM stützt.

> **Fallbeispiel Kit Kat Chunky**
>
> Zur Markteinführung des neuen Kit Kat Chunky Riegels 2001 startete Nestlé eine mehrstufige mobile Interaktionskampagne.
>
> Per SMS wurden 400.000 Personen in der jungen Zielgruppe auf eine Telefonnummer verwiesen, welche zu einem Sprachcomputer führte, bei der die Protagonisten des aktuellen TV-Spots dem Anrufer ein Rätsel aufgaben. Wurde dieses richtig gelöst, war der Kunde eine Runde weiter. Die nachfolgenden SMS wurden nur an Nutzer versendet, die sich in der ersten Runde selbstständig aktiviert hatten. Als Anreiz dienten kleine Benefits, wie z.B. Handylogos.
>
> Nach der Aktion wurden nicht nur die quantitativen Kontakte gewertet, sondern auch eine Befragung unter den Teilnehmern durchgeführt. Am Ende konnten bei der Aktion drei Millionen Kontakte erzielt werden, da insgesamt 26 Nachrichten über den Kampagnenzeitraum an 130.000 Personen versendet wurden. Die Response-Rate wurde mit drei Prozent vorhergesagt und betrug letztendlich 28 %. Mehr als ein Drittel der Zielgruppe empfand die Kampagne als lustig oder unterhaltsam – nur drei Prozent waren nicht begeistert. Insgesamt erfuhren 23 % nur über das mobile Medium von der Markteinführung.

Quelle: Vgl. Brand, Bonjer (2002), S.295-297.

Weiterhin ist es möglich, bereits bei der Kundenannäherung hauptsächlich absatzpolitische Ziele zu verfolgen. Dies geschieht, wenn im Zuge eines MMI der Abverkauf eines Produkts gesteigert werden soll. Dazu bedarf es der Kunst, die Kunden durch so neugierig zu machen, dass sie das eigentlich „nebensächlich" beworbene Produkt gleich kaufen wollen.

Fallbeispiel Unilever cosmetics – ck one

Da der Abverkauf des Parfums ck one zurückging, beauftragte Unilever das Unternehmen MindMatics (s. Tab. A1 im Anhang) 2004, eine mobile Marketing-Kampagne zu kreieren.

Die Aktion war in drei Teilbereiche untergliedert: ein SMS-Gewinnspiel in Kooperation mit dem Promotionpartner Douglas, eine Free-SMS-Einrichtung auf der Website und eine Kooperation mit CinemaxX, bei der Duft-Rubbel-Postkarten zu einem weiteren SMS-Gewinnspiel einluden. Weiterhin wurde nach erfolgreicher Teilnahme am Gewinnspiel die Möglichkeit geboten, eine Voice Card an Freunde zu versenden.

Insgesamt wurden etwa eine Million Kontakte generiert, 27 % der Teilnehmer sendeten eine Voice Card an Freunde und der Umsatz wurde um 500 % im Vergleich zum Vorjahreszeitraum gesteigert. Allerdings muss an dieser Stelle angemerkt werden, dass keine Zahlen über die Absatzentwicklung des Parfums nach der Wirkung des MMI existieren. So mögen sich kurzfristig zwar Potenziale bezüglich des Abverkaufs ergeben haben, doch ist unklar, ob tatsächlich eine nachhaltige Umsatzsteigerung erzielt werden kann.

Quelle: Vgl. Schäfer (2005), S. 401-405.

Die vorangegangenen Fallbeispiele im Bereich der Kundenannäherung waren v.a. auf die verschiedenen Potenziale bei der Effektivität ausgerichtet, wobei auch jene der Effizienz teilweise zur Geltung kamen, z.B. Schnelligkeit, wenn durch mobile Maßnahmen die Kunden direkter und damit zeitsparender angesprochen wurden oder qualitätspolitische Ziele, wenn die Ansprache aufgrund der Zielgruppenkonformität fehlerfreier verläuft. Weiterhin darf auch der kostenwirtschaftliche Aspekt nicht vernachlässigt werden. Oft ist die Bekanntheit mit sehr geringen Kosten zu erreichen, wenn große virale Effekte eintreten. Im Nachfolgenden sollen Beispiele der Kundenannäherung beleuchtet werden, die neben Effektivitätszielen v.a. auch Effizienzziele fokussiert verfolgen.

Fallbeispiel PostAuto Schweiz

Das Unternehmen wollte seinen Kunden die Möglichkeit bieten, effizienter zu ihrem Zielort zu gelangen.

So wurden auf 60 Wanderwegen im Appenzeller Vorland 110 sog. „mobile Tags" eingerichtet. Diese konnten von den vorbeikommenden Wanderern mit dem Handy abfotografiert und somit gelesen werden. Die dahinterstehenden Informationen waren die nächsten Haltestellen, Fahrplanauskünfte etc.

Das Unternehmen konnte so finanzielle Ressourcen bei der Kundenfokussierung einsparen, da der Kunde überall und jederzeit kostenlos angesprochen werden konnte, wobei die Information exakt zielgerichtet weitergegeben wurde. Allerdings ist zu beachten, dass aufgrund der Installation der Tags auch Investitionen anfielen, welche über die zusätzlichen Einnahmen wieder kompensiert werden mussten. Außerdem konnte mit der Maßnahme die Fehlerquote bei der Ansprache gesenkt werden, da nur die tatsächlichen Interessenten das Angebot in Anspruch nahmen. Weiterhin beschleunigt diese Kontaktaufnahme den Ansprachprozess.

Quelle: Vgl. Steimel, Paulke, Klemann (2008), S. 30.

Eine andere Art des Services, welcher aber in den Prozess der Kundenannäherung gehört, ist das mobile Internet und dort v.a. **mobile Portale** (s. Kap. 2.2.3). Je nach Serviceangebot sind hier die Grenzen zur Kundengewinnung und -pflege allerdings fließend. Eine besondere Variante, die sich immer weiter verbreitet, sind eigens optimierte Web-Seiten. Diese unterstreichen die Wichtigkeit, für das mobile Internet ein eigenständiges Denken zu entwickeln und nicht das eBusiness auf das mBusiness zu übertragen.[179] Die Internetadressen enden dann nicht wie im stationären Internet mit „.de"/„.com", sondern mit „.mobi" und sind speziell an die Voraussetzungen des mobilen Endgerätes angepasst, d.h. kleinere Auflösungen, geringere Datenvolumina etc.[180] Weiterhin sind die Seiten anders konzipiert, da z.B. Banner im Gegensatz zum stationären Internet am Seitenende mehr Beachtung finden.[181] Dies sind klare Signale in Richtung qualitätspolitischer Ziele. Die Vorreiter dieser Anwendung sind nicht nur telekommunikationsaffine Unternehmen, wie z.B. Telekom (www.telekom.mobi), sondern Automobilhersteller. Letztlich ist die Anpassung auf das Surfen im Internet mittels Handy unabdingbar, da 2008 bereits mehr als zehn Millionen Deutsche diese Möglichkeit nutzen und sich diese Zahl bis 2012 sogar verdoppeln soll.[182]

---

[179] Vgl. Reichardt (2008), o.S.
[180] Vgl. o.V. (2008f), o.S.
[181] Vgl. Barmscheidt (2008), o.S.
[182] Vgl. o.V. (2008m), o.S.

> **Fallbeispiel Automobilhersteller**
>
> **Volkswagen** richtete zur Einführung des Eos Cabrio einen mobilen Showroom ein, um technikaffine und innovationsfreudige Kunden anzusprechen. Dieser Showroom beinhaltete Innen- und Außenansicht, Detailvergrößerungen, Händlersuche etc. **Porsche** bedient sich ebenfalls eines mobilen Showrooms und steigert die Emotionen, indem dort beispielsweise Motorengeräusche downgeloadet werden können. **Volvo** bietet einen interaktiven Produktkatalog und per MMS können Nutzer ihre Meinung zum Modell äußern. **Mercedes** will ebenfalls junge, kaufkräftige Kunden ansprechen, da die einstimmige Meinung im Hause herrscht, dass diese über klassische Werbung nur noch bedingt zu erreichen sind. **Land-Rover** geht sogar noch einen Schritt weiter beim Betreiben seines mobilen Portals – dort kann sich ein Interessent gleich für eine Probefahrt eintragen lassen. **BMW** ist definitiv einer der Hauptaktivisten in diesem Bereich. Neben allen anderen Möglichkeiten können noch Fahrzeugbilder, Klingeltöne, Bildschirmhintergründe oder Videos heruntergeladen werden. Weiterhin ist ein Neuwagenkalkulator verfügbar und Leasing- bzw. Finanzierungsraten werden ausgerechnet.

Quellen: Vgl. Brechtel (2007), S. 54.; Peymani (2007), S. 52.; Schäfer (2006), S. 110.; Thunig (2007), S. 93.

Nachdem vorangehend die Potenziale für das Kundenmanagement anhand von Praxisbeispielen im Bereich der Kundenannäherung ausführlich dargestellt und diskutiert wurden, erfolgt anschließend eine Betrachtung mit Fokus auf den Prozess der Kundengewinnung.

4.3.2 Prozess Kundengewinnung

Ein hohes Potenzial im Bereich der Kundengewinnung bieten MMI, welche die Steigerung des Abverkaufs vorantreiben, wobei auch informations- und kundenpolitische Ziele als Nebeneffekt verfolgt werden. Dabei treten zusätzlich Effizienzziele auf, die sich aus der mobilen Anwendung ergeben. Eine der wichtigsten praktischen Anwendungen im Bereich der Ergebnisabsicherung ist dabei der mCommerce.

> **Fallbeispiel Quelle**
>
> Das Versandhaus Quelle ermöglicht seinen Kunden, direkt über das mobile Internet einzukaufen.
>
> Um den Besonderheiten des mobilen Internets gerecht zu werden, bietet Quelle.de eigens für das mobile Shoppen konzipierte Websites an. Diese werden für den Kunden über weitere mobile Services per SMS, wie z.B. Aktionen und Gewinnspiele, Infoletter, „QdT" (Q des Tages) -Newsletter/-Erinnerung sowie die mobile Bestellfunktion, unterstützt.
>
> Quelle konnte nachweisen, dass v.a. Konsumenten an das Unternehmen gebunden werden können, welche weniger stark im stationären Internet zu ihren Hauptkunden gehören, nämlich junge Personen und Männer. Weiterhin stieg das Image des Unternehmens aufgrund seiner Innovativität. Zuletzt verweist die Permissionsteigerung (s. Kap. 5.1) um 86 % in den ersten Monaten auf die Vertrauenswürdigkeit von Quelle.

Quelle: Reichardt (2008), o.S.

Ein beliebtes Instrument sind zudem Gutscheine oder Rabatte – sog. mobile Coupons (mCoupons), wobei der Gutschein in Form eines 2D-Codes (s. Kap. 2.2.3) auf dem Handydisplay im Geschäft vorgezeigt und eingelesen werden muss.[183] Da diese mCoupons vor der eigentlichen Kaufhandlung eingesetzt werden, können sie dem Unterprozess der Kontaktvorbereitung zugeordnet werden.

> **Fallbeispiel s.Oliver**
>
> 2002 initiierte der Modekonzern s.Oliver eine Kampagne, die durch Couponing Kunden an den POS führen sollte.
>
> In einem zweiwöchigen Zeitraum wurden ca. 100.000 SMS an die relevante junge Zielgruppe gesendet. Dabei verlief die Ansprache in zwei Schritten: in einer ersten SMS erhielten die Kunden den Hinweis, dass sie demnächst einen s.Oliver Gutschein erhalten würden, welcher in einer Filiale eingelöst werden könne. Die zweite SMS erhielt den Coupon in Form einer verschlüsselten Bildnachricht. Diese konnte im Store gelesen und eingelöst werden.
>
> Die Begeisterung bei den jungen Shoppern war groß. Viele Kunden lösten den Coupon bei einem darauffolgenden Einkauf ein. Außerdem wurde auch diese Aktion weitererzählt, sodass sich zudem weitere Interessenten den Coupon direkt von der s.Oliver Homepage auf das Handy herunterluden. Damit konnte s.Oliver weitere wertvolle Kontakte kosten- und zeitsparend sowie zielgruppengerichtet generieren.

Quelle: Vgl. Schäfer (2006), S. 109.

---

[183] Vgl. Thommes (2006), S. 72.

2D-Barcodes lassen – genauso wie das bereits beschriebene mTagging bei der Kundenannäherung (vgl. Kap. 4.3.1) – die Off- und Online-Welt zusammenwachsen.[184] Diese Codes können sich außerdem viral verbreiten, wobei unberücksichtigt bleibt, ob dies vom werbetreibenden Unternehmen gewünscht ist (z.b. aus Gründen der erschwerten Erfolgsmessung). Insgesamt lassen sich mCoupons in den Bereich der Kontaktvorbereitung bei der Kundengewinnung einordnen und werden auch von lokalen werbetreibenden Unternehmen genutzt.

> **Fallbeispiel Diskothek „Treppchen2" München**
>
> Um die Diskothek-Besuchszahlen zu erhöhen, versendete der Inhaber 1.500 SMS als Einladung zu seiner nächsten Party.
>
> Die Besonderheit der SMS bestand darin, dass ein Freibier-Gutschein integriert war. Der Eintritt zur Party selbst kostete zehn EUR.
>
> Insgesamt acht Prozent der Empfänger der SMS kamen zu der Party – letztlich sogar mehr, da viele Personen die SMS an Freunde weiterleiteten, in der Hoffnung, diese würden auch ein Freigetränk erhalten. Die Inhalte der Kundendatenbank konnten durch die Aktion um 40 % gesteigert werden. Allerdings ist fraglich, ob die Gäste nach dieser Kampagne die Diskothek insgesamt öfter besuchten. Wenn nicht, wäre zu ermitteln, ob es sich lohnen würde, eine solche Aktion wiederholt durchzuführen.

Quelle: Vgl. Clemens (2003), S. 99f.

Dieses Beispiel unterstreicht das Potenzial für lokale Unternehmen. Die Möglichkeiten, welche sich durch ortsbezogene und situative Situationen ergeben, sind enorm. So können genau die Personengruppen angesprochen werden, welchen in der entsprechenden Situation ein Mehrwert generiert werden kann.

Eine andere Alternative, mit Hilfe von MMI absatzpolitische Ziele zu verfolgen ist, bereits durch die Kampagne den Verkauf anzukurbeln, d.h. die Kontaktdurchführung anzustreben. Dies integriert den Kunden noch ein Stück mehr in die Aktion und er wird dadurch aktiver, auch zahlender Teil davon.

---

[184] Vgl. Küllenberg (2007), S. 494.

> **Fallbeispiel Fanta Flaschenpost**
>
> Coca Cola warb 2003 mit einer Mobile-Marketing-Aktion, bei der gekaufte Fanta-Flaschen das Schlüsselelement der Kampagne darstellten.
>
> Auf jeder Rückseite der Flaschenetiketten (insgesamt 160 Millionen) stand ein 16-stelliger Zahlencode, welcher erst nach dem Leeren der Flasche sichtbar war. Wer diesen Code an eine bestimmte Rufnummer per SMS schickte, erhielt als Gegenleistung einen Klingelton, ein Handylogo oder konnte eine Grußkarte versenden. Die Überraschung und der Unterhaltungswert wurden dadurch gesteigert, dass vorher nicht bekannt war, welcher Handy-Service sich hinter dem Code verbarg.
>
> Dies war die größte Mobile-Marketing-Aktivität in Deutschland bis zu diesem Zeitpunkt und setzte neue Maßstäbe in Hinblick auf Brand Awareness und Response. Insgesamt konnten sechs Millionen Teilnehmer verzeichnet werden.

Quellen: Vgl. Birkel, Kraus (2008), S. 27; Steimel, Paulke, Klemann (2008), S. 19f.

Wie bereits zu Beginn dieses Hauptkapitels erwähnt, ist grundsätzlich zu beachten, dass einige zuvor unter dem Prozess Kundenannäherung betrachteten Potenziale und Praxisbeispiele nicht nur in diesem Prozess von Belang sind, sondern auch in einem der anderen. So müssten Couponing-Kampagnen (**s.Oliver** oder **„Treppchen2"**) dem Prozess der Kundenbindung zugeordnet werden, wenn die Kontaktdaten der angesprochenen Personen bereits in einer unternehmenseigenen Datenbank verfügbar sind. Werden diese jedoch extern eingekauft, fällt dieses MMI in die Kundengewinnung. Der Praxisfall **Quelle** beinhaltet ebenfalls Komponenten, welche eigentlich Potenziale im Kundenbindungsbereich darstellen, nachdem z.B. ein Shopfinder für bestehende Kunden angeboten wird. Das Beispiel **Fanta Flaschenpost** könnte dahingegen dem Prozess Kundenannäherung zugeteilt werden. So wäre informationswirtschaftliches Potenzial begründbar, da die Konsumenten per Werbemaßnahmen zuerst auf die Kampagne aufmerksam gemacht wurden. Dahingegen könnte der Fall **Unilever cosmetics – ck one** ebenfalls in den Kundengewinnungsprozess eingeordnet werden, da letztlich das Abverkaufsziel das am meisten gewichtete ist.

Ein Beispiel, bei dem ganz klar der Prozess Kundengewinnung mit der Kontaktdurchführung und Ergebnisabsicherung im Mittelpunkt steht, ist das mobile Ticketing. Dabei wird auf Effektivitätsseite im Zuge der Ergebnisabsicherung ein „Ticket" auch wirklich verkauft. Oftmals muss der Kunde dazu registriert sein, sodass dem Unternehmen wichtige Daten zukommen, was wiederum der Verfolgung informationswirtschaftlicher Ziele gleichkommt. Zudem stillt das mTicketing aber auch Effizienzbedürfnisse. Der

Prozess kann wesentlich schneller und fehlerfreier ablaufen. Weiterhin ist der Kostenaufwand meist sehr gering, v.a. nachdem normalerweise keine Infrastruktur nötig ist und mTicketing so überall eingesetzt werden kann – nicht nur an stark frequentierten Orten. Somit entfallen die Kosten für Automaten etc., jedoch bedarf auch die Installation einiger logistischer und finanzieller Ressourcen. Die Erkennung des Tickets läuft dann meist über den bereits bekannten 2D-Barcode auf dem Handy ab.[185] Die am meisten verbreitete Art des mTicketing sind Fahrkarten des öffentlichen Nahverkehrs.

> **Fallbeispiel Öffentlicher Nahverkehr**
>
> Viele Verkehrsverbunde (z.B. Hamburger Verkehrsverbund HVV oder Rhein-Main-Verkehrsverbund RMV) bieten ihren Kunden eine papierlose Ticketlösung an.
>
> Ist der Kunde erst einmal registriert und hat er das entsprechend nötige Programm auf seinem Handy installiert, kann er sich ganz einfach „per Knopfdruck" sein Ticket auf sein Handy holen. Dies ist meist mit einem elektronischen Auskunftsdienst verbunden, sodass auch gleich die individuelle Strecke abgefragt werden kann. Auch für Gelegenheitskunden ist diese Alternative vorteilhaft, da sie sich vorher nicht über das Preissystem informieren müssen.
>
> Auf diese Weise gelangen die Kunden völlig unkompliziert an ihr Ticket und das Unternehmen kann im Sinne der Datengewinnung noch erfahren, welcher Kunde welche Fahrgewohnheiten hat. Außerdem konnte eine Umfrage nachweisen, dass 14 % der Kunden die öffentlichen Nahverkehrsmittel aufgrund des mobilen Tickets öfter nutzen.

Quellen: Vgl. Derkum, Heid (2004), S. 8; Fösken (2008), S. 88.; Hermes (2008), S. 32.; Leitner (2007), S. 110.

Es gibt einige Gründe, die für mTicketing-Verfahren sprechen: So können auf Basis der gewonnen Kundendaten künftig personalisierte Kundenbindungsaktionen durchgeführt werden, weil dem Unternehmen bekannt ist, welche Strecken der Kunde häufiger nutzt. Weiterhin ist das Handy der Fahrkartenautomat, sodass weniger Kosten an Infrastruktur und Umsetzung anfallen.[186] Zudem gibt es die sogenannte BestPrice-Methode: Löst der Kunde an einem Tag mehrere Tickets, so besteht die Möglichkeit, ihm ein besseres Angebot zu machen, z.B. ein Tageskarte anstelle von zwei Einzeltickets. Da die Ausstellung jeweils elektronisch vollzogen wird, können die Preise gegeneinander verrechnet werden und der Kunde zahlt den optimalen Preis. Dies erhöht deutlich die Kundenzufriedenheit,[187] womit Potenziale aus kundenpolitischer Sicht realisierbar sind. Im Bereich des Ticketing werden

---

[185] Vgl. Leitner (2007), S. 104 und S. 108.
[186] Vgl. Leitner (2007), S. 105 und S. 110.
[187] Vgl. Schierholz (2007), S. 93.

bereits noch effizientere Technologien entwickelt. So wurde 2007 NFC beim RMV im Rahmen eines Pilotprojektes getestet. Mit Hilfe von ConTags soll so der Kunde sein Handy nur noch an einen Punkt halten müssen, woraufhin sich der Ticket-Client automatisch öffnet und den momentanen Standpunkt als Start-Haltestelle auswählt.[188] Auch Überlegungen in Richtung RFID werden als noch effizientere Alternative angesehen.[189]

Aber nicht nur Verkehrsbetriebe nutzen das mTicketing, sondern auch Veranstalter. So konnten Besucher der Schweizer IT-Messe 2006 erstmals das Gelände mit einem mobilen Ticket betreten. Vorteilhaft ist hier, dass dem Kunden sogar noch ein Mehrwert generiert werden kann, indem beispielsweise im 2D-Barcode noch ein Coupon enthalten ist. Ähnlich dem vorherigen Fallbeispiel konnten auch hier Kundendaten erfasst werden.[190]

Wie bereits bei den vorangegangen Ausführungen zu erkennen ist, folgt logischerweise aus dem mTicketing eine andere mobile Anwendung, welche ebenfalls im Prozess Kundengewinnung bei der Kontaktdurchführung und Ergebnisabsicherung von Relevanz ist: die mobile Bezahlung (mPayment). Der Markt hierfür sieht starke jährliche Steigerungsraten von bis zu 100 % – v.a. Fahrkarten, Parkscheine etc. sind hier gute Anwendungen,[191] da es sich um sog. Micropayment handelt, d.h. die Bezahlung von geringen Summen.[192]

---

[188] Vgl. Fösken (2007), S. 88.
[189] Vgl. Schierholz (2007), S. 100.
[190] Vgl. Mezger (2006), S. 23.
[191] Vgl. Seiler (2005), S. 390.
[192] Vgl. o.V. (2008o), o.S.

> **Fallbeispiel Handyporto**
>
> Die Deutsche Post bietet seit Herbst 2008 die Möglichkeit, das Porto für einen Standard-Brief oder eine Standard-Karte mobil zu bezahlen.
>
> Dazu muss der Kunde eine SMS an eine bestimmte Rufnummer mit dem Wort „Brief" oder „Karte" schreiben. Im direkten Anschluss erhält er eine Kurznachricht mit einer 12-stelligen Zahlenkombination zurück, welche per Hand auf die Stelle geschrieben werden muss, wo normalerweise die Briefmarke aufgeklebt wird. Der Service kostet 0,40 EUR mehr als das normale Porto, d.h. 0,95 bzw. 0,85 EUR und wird direkt über die Mobilfunkabrechnung bezahlt.
>
> Die Deutsche Post zielt mit diesem Angebot klar auf die Ergebnisabsicherung ab, wobei sie sich das Preispremium zunutze macht. Der Kunde benötigt das Porto „hier und jetzt", weshalb er nicht zur nächsten Post-Filiale gehen möchte, zumal die Öffnungszeiten beschränkt sind. Daher bietet ihm das Handyporto einen situativen Mehrwert. Die Frage ist jedoch, ob er tatsächlich dazu bereit ist, dafür mehr zu bezahlen.

Quelle: o.V. (2008n), o.S.

Die Zukunft des mPayment verspricht noch weitaus größere Potenziale. So wäre eine automatische Altersidentifikation integrierbar, welche das Nachweisen über den Personalausweis unnötig machen würde. Auch ein Mehrwert durch Cross-Selling-Angebote ist möglich: Kauft der Kunde eine CD, erhält er später eine SMS, dass sein Star bald in der Stadt ein Konzert gibt, wofür er im selben Moment über mPayment und mTicketing eine Eintrittskarte erwerben kann. Eine weitere Vision ist das sog. Window-Shopping, bei der ein Kunde nach Ladenschluss einkaufen kann. Ein im Schaufenster präsentiertes Produkt kann gleich über einen mobilen Tag bestellt werden, woraufhin die Ware zu ihm nach Hause geschickt wird und bereits bezahlt ist.[193] Hier wird deutlich, dass noch eine Menge Potenzial ausgeschöpft werden kann, um den Kundengewinnungsprozess im Hinblick auf die Unterprozesse Kontaktvorbereitung, -durchführung und Ergebnisabsicherung noch effektiver und effizienter realisieren zu können, z.B. Absatzsteigerungen, schnellere und unmittelbarere Abrechnungsmöglichkeiten, Gewinnung zusätzlicher Informationen etc. Das nächste Beispiel soll ebenfalls dazu beitragen, einen besseren Eindruck von diesen Zukunftsvisionen zu erhalten.

---

[193] Vgl. Horster (2007), S. 134.

Fallbeispiel „SMMART"

SMMART (*S*ystem for *M*obile *M*arketing: *A*daptive Pe*R*sonalized and *T*argeted) soll dem Kunden auf seinem mobilen Endgerät einen Mehrwert bieten, indem für den Kunden relevante Produkte gezielt angeboten werden. Dabei dient dessen Shopping-Verhalten als Basis und das Kundenprofil wird durch ständiges Monitoring angepasst. Die Privatsphäre soll dabei bewahrt bleiben.

Über die physische Lokalisierung des Kunden wird herausgefunden, welche Geschäfte für ihn interessant sein könnten (Ortsbezug). Über das Ranken von Stichwörtern zu den Präferenzen des Kunden werden individuelle Leistungsangebote erstellt und über das Mobiltelefon mitgeteilt. Eine Person ist z.B. Fan einer bestimmten Band. Wenn sie ein Musik-Geschäft betritt, wird ihr automatisch auf ihr Handy gespielt, welche CDs diesbezüglich gerade im Angebot sind. Kauft der Kunde dann diese oder eine andere CD, wird dies in sein Profil übernommen und ggf. werden seine Präferenzen angepasst. Betritt er also im Anschluss ein Kaufhaus, welches die neue DVD des letzten Konzerts einer dieser Bands führt, so wird dies dem Kunden auf seinem mobilen Endgerät mitgeteilt. Optimiert wird der Prozess, wenn der Kunde vorher seine Grundpräferenzen angibt, sodass auf dieser Basis eine Vielzahl an unnötigen Angeboten unbeachtet bleiben kann. Es besteht auch die Möglichkeit, sog. Keywords zu löschen oder aktiv hinzuzufügen.

Vermutet werden durch solche Möglichkeiten Potenziale v.a. in absatz- und informationswirtschaftlicher Hinsicht. Auch Effizienzziele sollten durch die Verringerung des Fehlergrades aufgrund des Wissens über die Präferenzen des Kunden erreicht werden. Zuletzt ist anzunehmen, dass die Kundengewinnung auf diese Weise schneller vonstatten geht und weiterhin Kosten eingespart werden können. Allerdings müssen auch in diesem Fallbeispiel die entstehenden zusätzlichen Aufwendungen kompensiert werden.

Quelle: Vgl. Kurkovsky, Harihar (2006), S. 227-231.

Nach diesem Ausblick in die zukünftigen Möglichkeiten soll im Folgenden ein Einblick in die aktuelle Situation bei der Kundenpflege gegeben werden.

4.3.3 Prozess Kundenpflege

Im Prozess der Kundenpflege liegt der Fokus v.a. darauf, den bestehenden Kunden an das Unternehmen zu binden, indem man ihm nach Kauf eines Produktes oder Inanspruchnahme eines kostenpflichtigen Services einen Mehrwert bietet, welcher ihn davon abhalten soll, zu konkurrierenden Unternehmen abzuwandern. Dieses Ziel besteht auch bei den vorangegangenen Prozessen, jedoch fällt dieser Aspekt bei der Pflege besonders ins Gewicht. Weiterhin spielen virale Effekte eine große Rolle, wobei sich gerade im Prozess der Kundenbindung auch Potenziale durch Meinungsführer ergeben. Die dazugehörige Kundenwertkomponente ist der Referenzwert, also die Empfehlung an Dritte.

Eine einfache Möglichkeit, den bestehenden Kunden zu erreichen liegt dabei darin, ihm durch ein MMI den Anreiz zu bieten, sich näher mit dem Unternehmen zu beschäftigen, oder aber der Kunde hat die Aussicht auf eine „Belohnung".

> **Fallbeispiel BILD-Leser-Fotograf**
>
> Um die Zeitung BILD und ihre Leser enger zusammenzubringen, startete BILD 2006 eine MMS-Aktion.
>
> Bei dieser Aktion wurden alle BILD-Zeitung-Leser dazu aufgefordert, alles, was interessant, witzig, unangenehm etc. sein konnte, als MMS abzufotografieren und die Fotos an die BILD-Zeitung zu senden. Die „besten" Bilder wurden veröffentlicht (user generated content) und den namentlich erwähnten Einsendern ein Honorar in Höhe von mehreren hundert Euro versprochen.
>
> Aufgrund dieser Aktion wurden die Beziehungen zwischen Leser und BILD-Zeitung intensiviert und die Brand Awareness stieg enorm. Außerdem konnten die Kunden an die Zeitung gebunden werden, da diese es als extrem spannend empfanden, ihre eigenen und die Beiträge ihrer Mitbürger zu lesen. Nebeneffekt waren kostengünstige Beiträge in der Zeitung.

Quelle: Vgl. Steimel, Paulke, Klemann (2008), S. 23.

Ein weiteres verbreitetes Instrument zur Pflege von Kundenbeziehungen, bei dem kundenpolitische Ziele, z.B. Awareness, verfolgt werden, aber auch informationspolitische Ziele eine große Rolle spielen, sind Informationsservices. Dabei handelt es sich um Dienste, die entweder vom Kunden angefragt werden, oder ihm – nach gegebener Erlaubnis – regelmäßig zur Verfügung gestellt werden. Bekannteste Beispiele in diesem Bereich sind Nachrichten, Wetter- oder Börsennews sowie Staumeldungen.[194] Je besser das Unternehmen den Kunden bereits kennt, desto zielgerichteter kann der Dienst erfolgen, d.h. es werden nur jene Infos gesendet, welche für den Konsumenten auch von Relevanz sind. Ist ein Kunde also z.B. Sportfanatiker, so werden die Sport-Nachrichten weitaus mehr Umfang haben, als bei einer Person, die sich weniger dafür interessiert.

Neben den informationswirtschaftlichen und kundenpolitischen Zielen können im Prozess der Kundenpflege auch absatzpolitische Ziele verfolgt werden. Eine sehr gute Möglichkeit ist das mCouponing, wie bereits bei der Kundengewinnung anhand **s.Oliver** und **Diskothek „Treppchen2"** näher beschrieben. Wenn die Rufnummern-Datenbank auf Basis

---

[194] Vgl. Silberer, Wohlfahrt, Wilhelm (2001), S. 220.

bestehender Kundenbeziehungen erstellt wurde, kann solch eine Aktion, in den Prozess der Kundenpflege eingeordnet werden.

Das nachfolgende Beispiel verdeutlicht die möglichen Potenziale bei der Kundenbindung mittels eines Services, welcher aufgrund einer konsequent aufgebauten Datenbank angeboten werden kann.

> **Fallbeispiel Financial Times Deutschland – „One Brand – All Media"**
>
> Die Financial Times Deutschland (FTD) offeriert ein Angebot, bei dem alle Inhalte auf einem mobilen Endgerät empfangen werden können.
>
> Dabei können sich (nur) Abonnenten der FTD für einen kostenlosen SMS-Newsletter anmelden, welcher an jeden Kunden die Tagesmeldungen liefert. Es besteht weiterhin die Möglichkeit, von den drei individuell am wichtigsten angesehenen Meldungen Hintergrundinformationen kostenpflichtig anzufordern. Außerdem können Kunden, welche ständig unterwegs sind, das komplette FTD-Angebot für 2 EUR / Monat mobil herunterladen.
>
> Durch dieses Angebot bietet FTD seinen Kunden einen Produkt-Mehrwert, welcher ebenfalls Personalisierungscharakter aufweist. Das Unternehmen steigert zusätzlich seinen Umsatz, da die weiterführenden bzw. kompletten Informationen nur gegen eine geringe Gebühr zur Verfügung stehen.

Quelle: Vgl. Dufft, Wichmann (2003), S. 31.

Ein Instrument, welchem großes Zukunftspotenzial zugesprochen wird und das v.a. mit Informationsdiensten die Kundenpflege unterstützt, sind LBS. Dabei kann der Nutzer selbst bestimmen, welchen Service er wünscht. Wie die Bezeichnung impliziert, steht dabei der Standortbezug im Vordergrund. Durch die Lokalisierung des Nutzers per Ortung nach mobilen Funkzellen können individuelle Dienste angeboten werden.[195] Dabei wünschen sich Kunden die Vorteile Zeit zu sparen, in Echtzeit auf Informationen zurückzugreifen etc.[196] Das Unternehmen gewinnt im Gegenzug wertvolle Informationen (s. Kap. 3.2). Es muss jedoch bedacht werden, dass der Kunde nicht einfach geortet werden darf, sondern dass er seine Erlaubnis dafür gegeben haben muss.[197]

---

[195] Vgl. Schäfer (2006), S. 113.
[196] Vgl. Kölmel, Hubschneider (o.J.), o.S.
[197] Vgl. Heurung (2008), S. 64.

> **Fallbeispiel HappyDigits - Shopfinder**
>
> Das 28 Millionen Mitglieder zählende Bonusprogramm HappyDigits bietet seit 2007 seinen Kunden die Möglichkeit, immer und überall den nächstgelegenen Partner-Shop zu finden.
>
> Per mobilem Internet und installiertem Client wird über das Mobiltelefon die Suche nach der nächstgelegenen Filiale gestartet. Dabei erweitert sich der Service um Informationen zu Öffnungszeiten, Produkten, Preisen etc. Somit wird also mobiles Internet mit Location Based Services vereint.
>
> Teilnehmer können demzufolge nahegelegene Geschäfte, die ebenfalls dem Bonusprogramm angeschlossen sind, schnell finden. Dies erhöht die Bindung des Kunden und aufgrund seiner Zufriedenheit durch den ortsbezogenen Mehrwert seine Loyalität HappyDigits gegenüber. Weiterhin steigen die Umsätze, da der Konsument „hier und jetzt" seine Kaufhandlung tätigen kann.

Quelle: Vgl. Steimel, Paulke, Klemann (2008), S. 24.

Wie zu erkennen ist, werden hier auch Effizienzziele verfolgt, da der Kunde schnell und kostengünstig in einer konkreten, für ihn wichtigen Situation Unterstützung erhält. Im Hinblick auf den vorhergehenden Fall kann wiederum eine Parallele zum bereits vorgestellten Beispiel **SMMART** (s. Kap. 4.3.2) gezogen werden. Dieses zielt noch mehr auf die Absatzförderung und Kundengewinnung in anderen Bereichen ab, wohingegen der **HappyDigits-Shopfinder** den bestehenden Mitgliedskunden jederzeit an die nächstgelegene Filiale bringen soll. Im Grunde sind sie sich ähnlich und in der Durchführung besteht lediglich der Unterschied, dass bei SMMART die Information automatisch dem Kunden zugespielt wird (Push), bei HappyDigits fragt der Kunde die Information direkt ab (Pull).

Eine weitere bereits erwähnte Anwendung, welche sich im Prozess der Kundenpflege weiterführen lässt, ist das mTicketing. Hier kann ganz im Sinne des mCRM bei bestehenden Kunden weiter auf die Personalisierung gesetzt werden, indem z.B. spezifische Angebote aufgrund häufig gefahrener Strecken im Nahverkehr unterbreitet werden.[198] Betrachtet man die Möglichkeiten etwas abstrakter, so lässt sich ein hohes Potenzial des mobilen Endgerätes erkennen. Im Sinne der Kundenpflege kann das Handy zur mobilen Kundenkarte werden. So erfolgt nicht nur das mTicketing oder mPayment über das Gerät, sondern die sog. „mobile Loyality" wird vorangetrieben. Ziel ist es, dem Kunden jederzeit

---

[198] Vgl. Leitner (2007), S. 110.

einen individuellen Service zu ermöglichen. Dazu ist es manchmal notwendig, dem Nutzer während einer längeren Interaktionszeit den bestmöglichen Service zu bieten.

Fallbeispiel Lufthansa

Die Deutsche Lufthansa weitet über das mobile Endgerät ständig seine Services zu einer noch effizienteren Kundenbetreuung aus.

In einem frühen Schritt stellte die Lufthansa ihren Kunden die Möglichkeit zur Verfügung, ihr Ticket auf das mobile Endgerät in Darstellung eines 2D-Codes zu erhalten. In einem nächsten Serviceschritt konnte der Kunde nicht nur seinen Check-in vor dem Abflug mobil vollziehen, sondern auch seine Sitzplatzwahl im Sinne einer mobilen Bordkarte aufs Handy holen. Diese Dienste wurden über die Jahre erweitert: So wird der Kunde über Pull- oder Push-Dienste mittlerweile über Abflug- und Ankunftszeiten, Gate-Änderungen oder seinen aktuellen Miles&More-Kartenstand mobil informiert. In der Entwicklung sind weiterhin Ideen, welche den Nutzer noch mehr befriedigen. So wäre es beispielsweise denkbar, zeitnah vor Abflug seinen Essenswunsch abzufragen. Aber auch Services vor oder nach dem Flug können dem Kunden angeboten werden, wie beispielsweise eine automatische Parkplatz-Zuweisung zur Zeitersparnis, sollte er sich mit seiner Ankunft am Flughafen verspäten.

Lufthansa verspricht sich von solchen Services neben einer Steigerung der Kundenzufriedenheit und -loyalität erhöhte Flexibilität, welche sich letztlich in Kosteneinsparungen niederschlägt. Auch eine Effizienzerhöhung durch Eliminierung von Prozessschritten (z.B. Wartezeiten) kann so erreicht werden.

Quellen: Hampe, Schwabe (2002), S. 311; o.V. (2008g), S. 66; Schierholz (2007), S. 107.

Die nachfolgende Abbildung 15 soll einen typischen Interaktionsprozess mit dem Kunden bei der Lufthansa verdeutlichen und die Kontaktpunkte mittels MMI und damit Potenziale bei der Kundenbindung aufzeigen.

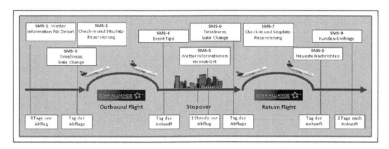

Abbildung 15: Interaktionsprozess bei Lufthansa
Quelle: Eigene Darstellung in Anlehnung an Muhl (2008), S. 18.

Kundenloyalität kann aber auch auf andere Weise erzeugt werden. Eine Möglichkeit wäre, Produktpackungen mit 2D-Barcodes zu versehen, welche durch das Handy eingelesen werden können. Reagiert der Nutzer allergisch auf einen der Inhaltsstoffe, so wird ihm dies per Handy sofort mitgeteilt. Unternehmen, die ihre Produkte mit solchen Codes ins Regal bringen, werden Kunden mehr vertrauen und somit entsteht Loyalität.[199] Das mobile Endgerät fördert demnach die Kundenbindung durch personalisierte Informationen, obwohl dem Unternehmen keine zusätzlichen Kosten entstehen, da der Barcode immer gleich bleibt und nicht angepasst werden muss (mass customization).

Es existieren unzählige weitere Beispiele, die deutlich machen, wie Unternehmen bei der Kundenpflege mithilfe von MMI ihre Effektivität und Effizienz steigern können und somit ihr Kundenmanagement verbessern. Von besonderer Bedeutung sind dabei v.a. situations- und ortsbezogene Dienste. BMW beispielsweise schickt vor jedem Wintereinbruch jenen Kunden, die sich in den Monaten zuvor einen Neuwagen gekauft haben, einen Link per SMS, der sie zum spezifischen Winterreifen-Konfigurator ihres speziellen Modells leitet.[200]

Eine weitere Möglichkeit, immer nah am Kunden zu sein, sind auch im Prozess der Kundenpflege mobile Portale. Auf diesen können sich interessierte, bereits gewonnene Kunden immer informieren, überall und wann immer sie wollen – ganz im Sinne des Leitgedankens des mobilen Marketing.

Anhand des in Kapitel 3.4 entwickelten Systematisierungsmodells sollen im Folgenden die genannten MMI, welche vorangehend an zahlreichen Fallbeispielen verdeutlicht wurden, eingeordnet werden.

4.4 Überblick über die möglichen MMI je Prozessschritt des Kundenmanagements und kritische Würdigung

Die Kategorisierung der MMI anhand der Systematik dient dem Überblick. Außerdem ist zu beachten, dass dem Anspruch der Vollständigkeit aufgrund der Vielzahl der tatsächlichen Praxisbeispiele nicht gerecht werden kann. Weiterhin entwickeln sich die technischen Möglichkeiten rasant und bieten daher immer neue Anwendungen und somit Diskussionspotenzial im Hinblick auf das Kundenmanagement. Zudem soll darauf aufmerksam gemacht werden, dass unterschiedliche Autoren oft andere Bezeichnungen für

---

[199] Vgl. Kirch (2008), S. 53.
[200] Vgl. Thunig (2007), S. 93.

denselben Service verwenden. Im Zuge der Konsistenz werden jene Begrifflichkeiten verwendet, die bereits aus den vorangegangenen Kapiteln bekannt sind. In der folgenden Abbildung 16 werden nun jene MMI je Prozessschritt und je Ziel definiert, welche grundsätzlich potenzialversprechend sind. Die fett gedruckten Begriffe markieren dabei die MMI, welche am meisten Potenzial im entsprechenden Prozess bezüglich der Zielsetzung haben. Zuletzt ist anzumerken, dass bei den Potenzialen im Bereich der Effizienz keine exakten Aussagen zu treffen sind, da der Erfolg von vielen Ressourcen abhängt, welche nur unternehmensintern sichtbar sind. Daher ist dieser Bereich grau unterlegt.

			Kundenmanagement-Prozesse		
			Kunden-annäherung	Kunden-gewinnung	Kunden-pflege
Ziele des Kundenmanagements	Effektivität	Kunden-politisch	• SMS/Bluetooth • mPortale • mGewinnspiele • mVoting • mTagging	• mCommerce • mCoupons • SMS-Kampagnen	• **mCommunity** • LBS • Persönliche Services • mCoupons • mCommerce • mVoting
		Absatz-politisch	• mCoupons • SMS/Bluetooth • mTagging • mPortale	• mCommerce • mCoupons • **mTicketing** • mPayment • mTagging • Persönliche Services • SMS-Kampagnen	• LBS • **Persönl. Services** • mCoupons • mCommerce • user generated content
		Informations-wirtschaftlich	• **Bluetooth** • **mGewinnspiele** • mVoting	• mTicketing • mCommerce • mCoupons • mTagging	• LBS • **Persönl. Services** • mVoting • user generated content
	Effizienz	Kosten-wirtschaftlich	• SMS/Bluetooth (viral) • mTagging	• mCommerce • mTicketing • mCoupons • mPayment • mTagging	• user generated content • LBS • Persönliche Services
		Qualitäts-politisch	• mTagging • mPortale	• mCommerce • mTicketing • mPayment • mTagging • Persönliche Services	• LBS • Persönl. Services • mCommunity
		Schnelligkeit	• mPortale • SMS/Bluetooth (viral)	• mPayment • mCommerce • mTagging • mTicketing • Persönliche Services	• mPortale • LBS • Persönliche Services

Abbildung 16: Potenzialbetrachtung von MMI je Prozess und Ziel
Quelle: Eigene Darstellung.

Dieses Hauptkapitel hat vorangehend einen Überblick über bereits durchgeführte und mögliche MMI und Aktivitäten in diesem Bereich gegeben. Dabei stand neben der

Darstellung ausgewählter Fallbeispiele v.a. auch die Diskussion von deren Potenzialen im Hinblick auf effektives und effizientes Kundenmanagement je Prozess im Mittelpunkt. Zusammenfassend lässt sich dabei erkennen, dass die Potenziale je Instrument und je Prozessschritt unterschiedlich sind. So überwiegen im Bereich der **Kundenannäherung** v.a. MMI, welche potenziell zur Steigerung des Bekanntheitsgrades, der Awareness etc. dienen. Außerdem sind informationswirtschaftliche Ziele, d.h. die Gewinnung von Kundendaten, von besonderer Relevanz. Im Bereich der Effizienz ergeben sich hauptsächlich Potenziale für die Kostenwirtschaftlichkeit, v.a. wenn es sich um virale Effekte handelt, d.h. die Kosten pro Kunde sind geringer, weil die Nutzer als Multiplikatoren auftreten. Im Prozess der **Kundengewinnung** ist unschwer zu erkennen, dass v.a. absatzpolitische Potenziale, d.h. das Ziel der Ergebnisabsicherung, von Relevanz sind (z.B. mCoupons). Auch hier treten allerdings Potenziale im Hinblick auf die Effizienz auf, da durch mTicketing oder mPayment einige Subprozesse optimiert werden können bzw. entfallen, sodass Kosteneinsparungen, qualitativ hochwertigere Ergebnisse oder eine schnellere und flexiblere Abwicklung die Folge sind. Ein Instrument, welches im Prinzip alle Subziele im Bereich der Kundengewinnung verfolgt, ist das Fallbeispiel SMMART. Im Prozess der **Kundenpflege** liegt der Fokus auf qualitativen Potenzialen, die zu kundenindividuelleren Maßnahmen mittels Situations- oder Ortsbezug führen, wobei die Kundenzufriedenheit bis hin zur Kundenloyalität gefördert wird. Aber auch hier werden weiterhin kundenpolitische Ziele verfolgt, um z.B. Cross-Selling anzuregen oder über mobile Communities bestehender Kunden weitere virale Effekte zu erreichen.

Wie also in den ausführlichen Betrachtungen einzelner Potenziale der MMI geordnet nach Kundenmanagement-Prozessen und Zielen erkennbar, gibt es zahlreiche erfolgreiche Beispiele. Letztlich muss festgestellt werden, dass sich mittels der Recherche (s. Kap. 4.1) hauptsächlich positive Beispiele finden, aber kaum negative. Es gibt jedoch genügend Anhaltspunkte für die Erfolgsfaktoren von MMI im Kundenmanagement (s. Kap. 5). Wenn diese beachtet und eingehalten werden, steht einer erfolgreichen Umsetzung nur mehr wenig im Wege. Auf der anderen Seite wurde deutlich gemacht, dass auch die **Art des MMI** je Kundenmanagement-Prozess und je Ziel von entscheidender Bedeutung ist. Wie bereits Abbildung 16 erkennen lässt, verspricht nicht jedes Instrument zu jedem **Zeitpunkt** Potenziale. Deshalb muss vor jedem Einsatz geklärt werden, welche **Ziele** eigentlich verfolgt werden. Sind diese definiert, liefert die vorangegangene Einordnungssystematik Anhaltspunkte, welche Art von MMI grundsätzlich empfehlenswert ist. Fast allen Instrumenten ist jedoch gemein, dass eine Distribution nach vorn erfolgen, d.h. die Kommunikation zum Kunden gebracht werden muss.[201] Des Weiteren ist teilweise fraglich, welcher **Mehrwert** genau generiert wird bzw. welcher Nutzen dem Kunden entsteht. So kann es sich bei manchen Maßnahmen lediglich um einen innovativen Mehrwert handeln, der primär dem Nutzer keine Verbesserung bringt, jedoch erwartet dieser von einem innovativen Unternehmen diese Fortschrittlichkeit (z.b. mobile Bordkarte bei Lufthansa, s. Kap. 4.3.3).[202] Außerdem besteht die Möglichkeit eines augenblicklichen Mehrwertes, welcher letztlich aber teuer sein kann (z.b. Handyporto, s. Kap. 4.3.2). Dies führt unweigerlich zu der Frage, ob sich der Service langfristig etablieren wird, d.h. **Nachhaltigkeit** gewährleistet ist und es sich nicht nur um einen Trend handelt, solange das MMI als Innovation angesehen wird. Kurze Begeisterungen für ein MMI sind zwar positiv, doch ergeben sich nutzbare Potenziale für das Kundenmanagement erst dann, wenn diese sich über den Zeitverlauf hinweg immer weiter etablieren. Außerdem stellt sich die Frage, inwieweit die Mobilität für das Unternehmen **greifbar** ist, d.h. beispielsweise, ob die entsprechenden Situationen überhaupt erkannt werden. Zudem ist die **rechtliche Lage** ein weiterer kritischer Faktor. So sind gerade orts- und situationsbezogene MMI umstritten und eine Lokalisierung nur möglich, wenn dafür „ausdrücklich, gesondert und schriftlich"[203] die Erlaubnis erteilt wurde. Es existieren weiterhin viele weitere externe Faktoren. Bezüglich der **Zielgruppenspezifika** richteten sich die meisten dargestellten Instrumente z.B. eher an die jüngere, technikaffine Zielgruppe der unter 30-Jährigen. Im Zuge des demographischen Wandels und der Tatsache, dass auch immer ältere Menschen mit dem Handy vertraut werden, mögen sich auch die Präferenzen verändern. Auf der anderen Seite zeigt sich aufgrund der Ubiquität eine Tendenz dahin gehend, dass die Suche nach geeigneten Situationen im Vordergrund steht und weniger der Bezug auf definierte Zielgruppen.[204] Auch **Unternehmensmerkmale** entscheiden über das Erfolgspotenzial von MMI. So müssen diese in den gesamten Marketing-Mix integriert werden, ohne dabei Inkonsistenz hervorzurufen, d.h. die sich ergebenden Potenziale sollten der Philosophie der Firma entsprechen. Zuletzt

---

[201] Vgl. Barmscheidt (2008), o.S.
[202] Vgl. Köhler (2008), o.S.
[203] o.V. (2008s), o.S.
[204] Vgl. Diller (2008), o.S.

muss das Unternehmen für sich prüfen, welcher **Kosten**aufwand den möglichen Potenzialen gegenübersteht und ob dieser den Einsatz des MMI rechtfertigen kann. So verursacht beispielsweise die mobile Bordkarte bei Lufthansa kaum Mehrausgaben, da die Einlesegeräte der 2D-Barcodes bereits zur Identifikation von Papier- und selbstausgedruckten online-Tickets fest am Schalter installiert sind. Im Öffentlichen Nahverkehr hingegen wurden Fahrkarten bisher nur persönlich durch einen Angestellten kontrolliert, sodass entsprechende Geräte zusätzlich angeschafft werden müssen.

So gilt es also, den Einsatz jedes MMI vorher genau auf dessen Potenziale bezüglich aller Prozesse, Zielsetzungen und kritischer Faktoren zu prüfen, wie der nachfolgenden Abbildung 17 zusammenfassend zu entnehmen ist.

Abbildung 17: Kritische Faktoren bei der Ermittlung der Erfolgspotenziale von MMI
Quelle: Eigene Darstellung.

Zuletzt gilt es zu beachten, dass die gewählte Einordnungssystematik eigens für die konkrete Fragestellung der Ermittlung von Erfolgspotenzialen erarbeitet wurde, nicht aber den Anspruch der Allgemeingültigkeit besitzt. So können mittels eines MMI aufgrund der verschiedenen Einsatzmöglichkeiten unterschiedliche Ziele verfolgt werden, wodurch automatisch eine Veränderung der Potenziale entsteht. Außerdem sind die Möglichkeiten der mobilen Anwendungen für das Kundenmanagement unbegrenzt und Kunden werden stets eine Schlüsselrolle bei der Implementierung sein. Allerdings ist das Misstrauen der Verbraucher gegenüber MMI hoch.[205] Demzufolge stellt sich die Frage, was ein MMI überhaupt erfolgreich macht, d.h. welche Erfolgsfaktoren dahinter stehen. Mit diesen Fragestellungen beschäftigt sich das nächste Kapitel.

---

[205] Vgl. Smith (2007), S. 643.

5. Erfolgsfaktoren von MMI im Kundenmanagement

Grundsätzlich lässt sich bei der Erarbeitung der Erfolgsfaktoren von MMI im Kundenmanagement feststellen, dass generelle Aspekte bestehen, die Allgemeingültigkeit besitzen und unabhängig von den Potenzialen je Kundenmanagement-Prozess und je Zielsetzung sind. Diese werden nachfolgend näher beleuchtet. Allerdings lässt sich auch feststellen, dass sich viele dieser generellen Faktoren unter dem abstrakten Begriff der Kundenakzeptanz subsummieren lassen. Aufgrund der Wichtigkeit dieser Tatsache beschäftigt sich Kapitel 5.2 mit diesem Aspekt.

5.1 Generelle Erfolgsfaktoren und Wirkungszusammenhang

Um die Erfolgsfaktoren von MMI erklären zu können, bedarf es zunächst eines kurzen Einblicks in die Theorie. So können MMI (fast) noch als Innovation, d.h. als neuartig empfunden werden. Wird diese von einzelnen Individuen übernommen, kann von Adoption gesprochen werden. Die Ausbreitung der Innovation durch die Kommunikationskanäle innerhalb eines sozialen Systems im Zeitablauf wird als Diffusion definiert.[206] Aktuell sind MMI lediglich den frühen Adoptern vorbehalten.[207] Daraus folgt, dass der Einsatz noch nicht flächendeckend ist. Als Orientierung kann Gartner's Hype Cycle herangezogen werden, welcher beschreibt, in welchem Entwicklungsstadium sich eine Technologie befindet. Dabei liegt die Annahme zugrunde, dass eine Technologie zunächst einen Hype erfährt, bevor Enttäuschung eintritt. Im Anschluss wird erkennbar, welche Technologie zukünftig eingesetzt wird, bis sie zum Alltag gehört. Abbildung 18 visualisiert diese Anschauung und lässt erkennen, dass mobile Kommunikation, Produkte oder Services sich derzeit – gezeigt am Beispiel von ortsbezogenen Diensten – in der Entwicklungsphase befinden.[208]

---

[206] Vgl. Schenk, Dahm, Šonje (1996), S. 21.
[207] Vgl. Lahm (2008), S. 318.
[208] Vgl. o.V. (2008p), o.S.

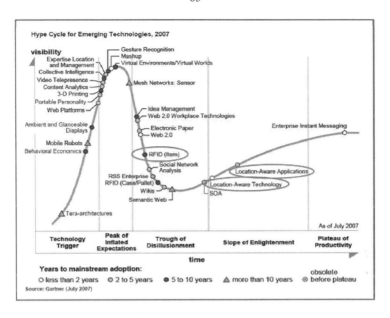

Abbildung 18: Gartner Hype Cycle 2007
Quelle: Eigene Darstellung in Anlehnung an o.V. (2008q), o.S.

Es liegt die Frage nahe, welche Erfolgsfaktoren existieren. In der Literatur finden sich eine Menge verschiedener Ansatzpunkte mit ebenfalls unterschiedlichen eingeschränkten Bedeutungen, jedoch wird deutlich, dass sich diese zu wenigen Faktoren verdichten lassen. Zunächst stellt sich aber die Frage, wie der Erfolg von MMI überhaupt operationalisiert werden kann. Dabei können monetäre Größen, wie z.B. die Steigerung des Kundenwertes im Sinne einer Umsatzsteigerung oder die Kosten des Beziehungsmanagements, aber auch nicht-monetäre Größen, wie z.b. die wahrgenommene Gebundenheit oder empfundene Verbundenheit sowie Kundenzufriedenheit oder faktische Treue eines Kunden, herangezogen werden.[209] Eine konkrete Herangehensweise der Erfolgsmessung wäre die Auswertung quantitativer oder qualitativer Daten, also z.B. die Häufigkeit, wie oft ein Link, der sich hinter einem 2D-Barcode versteckt, angesehen wurde, oder wie stark sich ein Kunde an eine Werbemaßnahme erinnern konnte.[210] Rücklaufquoten, wie z.B. das Einlösen von Coupons, können ebenso ausgewertet werden.[211]

---

[209] Vgl. Silberer (2003), S. 11.
[210] Vgl. Link, Schmidt (2002), S. 142f.
[211] Vgl. Hinrichs, Lippert (2002), S. 276f.

Bezug nehmend auf die Erfolgsfaktoren, welche nicht direkt (zahlenmäßig) erfassbar sind, lassen sich fünf Kategorien unterscheiden, welche in der Abbildung 19 zusammengefasst und nachfolgend diskutiert werden. Daran schließt die Betrachtung der in der Praxis von MMA entwickelten Erfolgskriterien an.

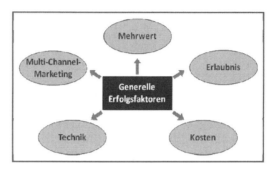

Abbildung 19: Generelle Erfolgsfaktoren für die Potenziale von MMI für das CRM
Quelle: Eigene Darstellung.

Wie bereits in den vorangegangenen Kapiteln erwähnt, muss dem Kunden ein echter **Mehrwert** geboten werden. Dieser kann verschiedene Arten annehmen, z.B. situativ, monetär etc. Der Kunde duldet das Eindringen in seine Privatsphäre bzw. nimmt an Aktionen überhaupt erst teil, wenn das, was er dafür bekommt, für ihn von Relevanz ist.[212] Das bedeutet, dass der Content passen und dem Kunden so ein echter Nutzen entstehen muss.[213] In diesem Zusammenhang spielt der Kontext eine große Rolle. Nur wenn lokale, zeitliche, aktionsbezogene und persönliche Variablen erfüllt sind,[214] d.h. ein sorgsamer zielgenauer Umgang garantiert wird, ist ein MMI Erfolg versprechend. Die Herausforderung für das Unternehmen besteht darin, die maximale Reichweite auf der einen Seite und die Minimierung der Streuverluste andererseits zu nutzen.[215] Allerdings besteht das Risiko entweder zu allgemein zu bleiben, um die Reichweite zu erhöhen, wodurch sich die meisten Empfänger nicht mehr angesprochen fühlen, oder in der Ansprache zu individuell zu werden, wodurch der nötige Verbreitungsgrad nicht erreicht wird.

---

[212] Vgl. Hein (2007), S. 30.
[213] Vgl. Schobelt (2007), S. 9.
[214] Vgl. Hippner et al. (2005), S. 406.
[215] Vgl. Dufft, Wichmann (2003), S. 11.

Ein weiterer Aspekt, ist die **Erlaubnis**, d.h. der Empfänger muss seine Zustimmung erteilt haben, damit ihm überhaupt Botschaften zugesandt werden dürfen.[216] Dieser Punkt entfällt bei einigen Instrumenten, wie z.B. dem Bluetooth-Marketing, bei dem sich der Kunde „selbst annähert". Die Gesetzgebung stellt sich in diesem Punkt hinter den Konsumenten, denn die „[…] fehlende Einwilligung des Empfängers [wird] als unzumutbare Belästigung"[217] angesehen. Bekannt ist dieser Sachverhalt unter dem Namen Permission Marketing.[218] Durch die Zustimmung soll die Gefahr abgewendet werden, den Kunden zu überfluten oder ungewollt zu belästigen.[219] Dieser vorsichtige Umgang scheint gerechtfertigt, da mehr als ein Drittel der Konsumenten durch MMI einen Eingriff in ihre Privatsphäre befürchten und ebenfalls einen Datenmissbrauch aufgrund der für das Kundenmanagement gespeicherten und analysierten Daten nicht ausschließen.[220] Ein Unternehmen kann auf verschiedene Arten die Erlaubnis des Kunden einholen:

- Single-opt-in: Bei diesem Verfahren gibt der Konsument seine Einwilligung, indem er sich per SMS oder auf einer Homepage registriert. Dies birgt den Nachteil, dass der Kunde verärgert ist, sollte er vergessen, sich registriert zu haben und dann ungewollt Nachrichten empfängt oder aber sich ein unbefugter Dritter einfach im Namen eines anderen registriert.
- Confirmed-opt-in: Hierbei erhält der Kunde sofort nach der Registrierung eine Begrüßungsnachricht – damit wird die Transparenz erhöht, aber der Missbrauch durch Dritte noch nicht ausgeschlossen.
- Double-opt-in: Ähnlich dem confirmed-opt-in erhält der Kunde nach der Registrierung eine Nachricht, welche er bestätigen muss, wobei er keine weiteren Nachrichten erhält, wenn dies nicht erfolgt. Somit kann kein Missbrauch betrieben werden.

---

[216] Vgl. Hampe, Schwabe (2002), S. 313.
[217] Heurung (2008), S. 64.
[218] Die Wissenschaft beschäftigt sich ausführlich mit Permission Marketing im e- und mBusiness, worauf in dieser Arbeit nicht näher eingegangen wird. Jedoch soll auf die Literatur verwiesen werden. Vgl. Steimel, Paulke, Klemann (2008), S. 89-92; Dufft, Wichmann (2003), S. 22f; Schwarz (2007), S. 423-429; Scharl, Dickinger, Murphy (2005), S. 168; Schäfer (2006), S. 10.
[219] Vgl. Clemens (2003), S. 55.
[220] Vgl. o.V. (2000), S. 7.

- Opt-out: Diese Regelung bestimmt, dass ein Konsument, der einmal seine Zustimmung erteilt hat, immer die Möglichkeit besitzt, diese Zustimmung zu widerrufen – unabhängig von der Art des Opt-in.[221]

Neben den beiden bereits genannten Erfolgsfaktoren existieren noch drei weitere, welche ebenfalls von besonderer Relevanz sind. Dies ist zum einen der **Kostenaspekt**. Der mobile Service muss für den Kunden bezahlbar sein bzw. muss es sich für ihn lohnen, einen gewissen Preis zu zahlen.[222] Der Trend zu fallenden Kosten im Mobilfunk[223] und zu Flatrates[224] wirkt sich daher positiv auf die Nutzung von MMI aus.

Ein weiterer Aspekt betrifft die **technischen Einschränkungen**. Ein mobiles Endgerät erfüllt deswegen seinen Zweck im mobilen Marketing, weil es klein und handlich ist und der Besitzer es immer bei sich trägt. Doch diese Mobilität hat technische Grenzen zur Folge, worauf die Konzeption ausgelegt sein muss, da ansonsten die Gefahr besteht, dass der Nutzer kein Interesse hat oder sich gestört fühlt. Diese technischen Einschränkungen sind: Ein- und Ausgabemöglichkeiten (Tastatur- und Bildschirmgröße), Speicherkapazität (Ablage von Daten), Rechenleistung (Menge der zu verarbeitenden Daten pro Zeiteinheit), Bandbreite (versendete / empfangene Datenmenge pro Zeiteinheit) und die Betriebszeiten.[225] Anforderungen an das Design, wie z.B. Farben, Animationen, Icons etc.[226] sind ebenfalls von Bedeutung, jedoch soll darauf nicht näher eingegangen werden. Immer zu beachten ist, dass das mobile Endgerät aufgrund seiner Handlichkeit größenmäßig beschränkt ist und somit die Nachricht immer „[...] kurz und prägnant [sein muss], denn jedes Wort zählt"[227].

Zuletzt muss noch erwähnt werden, dass MMI v.a. dann erfolgreich sind, wenn eine vollständige Integration in das Gesamtkonzept garantiert ist,[228] d.h. eine ganzheitliche Mehrkanalstrategie zum Tragen kommt.[229] Man spricht in diesem Zusammenhang von **Multi-Channel-Marketing**, d.h. der Verfolgung eines konsistenten Auftrittes des

---

[221] Vgl. Schäfer (2006), S. 44-46.
[222] Vgl. Dyballa, Kruschwitz (2005), S. 360.
[223] Vgl. Steimel, Paulke, Klemann (2008), S. 24.
[224] Vgl. o.V. (2007a), S. 3.
[225] Vgl. Schäfer (2008), S. 11f.
[226] Vgl. Wiener (2005), S. 113-120.
[227] Vgl. Tsai (2008), S. 25.
[228] Vgl. Hippner et al. (2005), S. 408.
[229] Vgl. Müller-Lankenau (2004), S. 44.

Unternehmens – auch im mobilen Marketing.[230] Unterstützt werden kann diese, dass entgegen vielen Vermutungen nicht zwangsweise Kannibalisierungseffekte auftreten – im Gegenteil der Absatz durch einen Auftritt in mehreren Medien sogar gesteigert werden kann.[231] Im Hinblick auf das Kundenmanagement bedeutet dies ebenso, dass auch ein einheitliches Datenmanagement für alle Vertriebswege nutzbar ist, um das gesamte Wissen über den Kunden stets zur Verfügung zu haben.[232]

Auf Basis ihrer langjährigen Erfahrungen in der Praxis haben die beiden MMA 12snap und MindMatics (s. Tabelle A1 im Anhang) ebenfalls konkrete allgemeingültige Erfolgsfaktoren entwickelt, wobei zu beachten ist, dass sich diese vornehmlich auf mobile Kampagnen beziehen. Bei **12snap** sind dies Interaktivität, Entertainment (Spaß), Emotionalität und Incentive, d.h. Kunden einen Anreiz schaffen.[233] **MindMatics** setzt teilweise auf ähnliche Aspekte. Das Unternehmen selbst bezeichnet die vier Eigenschaften, welche einer Mobile-Marketing-Strategie zugrunde liegen müssen, als „4P-Strategie des erfolgreichen Mobile-Marketings"[234]: Paid (Anreiz), Polite (Höflichkeit), Permitted (Erlaubnis) und Profiled, d.h. die Anzahl, Tiefe und Qualität der Ansprache, wobei die Gratwanderung zwischen massentauglich und individuell erfolgreich bestanden werden muss.[235]

Die vorangehend betrachteten kritischen Erfolgsfaktoren von MMI aus Unternehmens- aber auch Kundensicht sind Rahmenbedingungen für das Schaffen von Potenzialen für das Kundenmanagement. Werden diese Punkte beachtet und eingehalten, sollte der Einsatz von MMI Erfolg versprechend sein. Allerdings bedarf es der Auseinandersetzung mit einem sehr wichtigen letzten Aspekt: der kritischen Masse. Ein MMI muss eine ausreichende Nutzerzahl aufweisen und sich etablieren, um als erfolgreich angesehen zu werden. Es gilt demzufolge zu klären, welche Faktoren die Nutzungsabsicht eines Konsumenten beeinflussen bzw. ob der Kunde das MMI akzeptiert. Mit den Grundlagen dieses Aspekts beschäftigt sich der nachfolgende Abschnitt, bevor in Kapitel 6 eine ausführliche wissenschaftliche Studienanalyse zu diesem Thema erfolgt.

---

[230] Vgl. Wilke (2005), S. 81.
[231] Vgl. Schwarz (2008), o.S.
[232] Vgl. Hampe, Schwabe (2002), S. 303.
[233] Vgl. Brand, Bonjer (2002), S. 291-294.
[234] Schäfer (2005), S. 399.
[235] Vgl. Hinrichs, Lippert (2002), S. 268-288.

5.2 Die zentrale Bedeutung und Entstehung von Nutzungsabsicht und Endkundenakzeptanz

Bei der genaueren Betrachtung der im vorangegangenen Kapitel diskutierten Erfolgsfaktoren fällt auf, dass sich einige überschneiden bzw. sich unter diversen Oberbegriffen zusammenfassen lassen. Hippner et al. (2005) gehen davon aus, dass dem Kunden bei der Nutzung von MMI persönliche Kosten entstehen könnten und subsummieren darunter alle Faktoren, welche den Nutzer persönlich betreffen, d.h. nicht materiell oder monetär erfassbar sind – beispielsweise die Störung der Privatsphäre.[236] Fasst man den Begriff etwas weiter, so kann darunter alles verstanden werden, was den Kunden direkt beeinflusst. Dies bildet die Grundlage der folgenden Argumentation, welche in der nachfolgenden Abbildung 20 vereinfacht dargestellt ist.

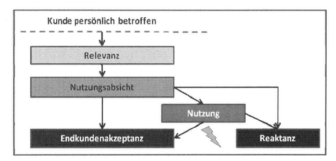

Abbildung 20: Der Zusammenhang zwischen Nutzungsabsicht und Endkundenakzeptanz
Quelle: Eigene Darstellung.

Als Ausgangspunkt wird an dieser Stelle angenommen, dass ein Mehrwert für den Kunden darüber entscheidet, ob er sich überhaupt mit einem MMI beschäftigt, d.h. ob es **relevant** ist. Birgt dieses Nutzen für den Konsumenten, wird er den Wunsch haben, davon Gebrauch zu machen. Akzeptanz ist das Resultat der **Nutzungsabsicht**, d.h. es gibt (Erfolgs-)faktoren, welche dafür verantwortlich sind, ob der Kunde einem Instrument gegenüber positiv gestimmt ist und er sich vorstellen kann, dieses zu nutzen. Anschließend entscheidet sich, ob der Kunde die angebotene Möglichkeit wirklich nutzt[237] und damit nach dem Prinzip der Akzeptanzforschung tatsächlich **akzeptiert**[238]. Nach Heinonen / Strandvik (2007) ist die Reaktion des Kunden auf die Nutzungsmöglichkeit eines MMI entscheidend und stellt eine

---
[236] Vgl. Hippner et al. (2005), S. 405.
[237] Vgl. Wong, Hsu (2008), S. 80.
[238] Vgl. Merisavo et al. (2005), o.S.

Funktion aus der wahrgenommenen Relevanz und Akzeptanz dar.[239] Bei einem positiven Einfluss kann tatsächlich von Akzeptanz gesprochen werden. Silberer / Schulz (2007) sprechen an dieser Stelle von „[...] Akzeptanzbarrieren, die sich aus einer Begrenzung der persönlichen Freiheit ergeben"[240]. Dabei spielt eine große Rolle, ob der angebotene Service erwünscht ist, in welchem Maße der Kunde angesprochen wird, wie die Daten verwendet werden und ob der Kunde bei der Erstellung eines Kundenprofils tatsächlich richtig kategorisiert wird.[241] Im negativen Fall kann es dabei zu einer **Reaktanz** durch den Kunden kommen. Dabei kann auf die „Theorie der psychologischen Reaktanz" von Brehm (1966, 1972) zurückgegriffen werden, wobei bei einer Reformulierung folgende Annahmen zu MMI getroffen werden können: Reaktanz

- entsteht durch die Einschränkung oder Bedrohung der persönlichen Freiheit durch einen Dritten,
- hängt von der Wichtigkeit der entsprechenden Freiheit ab und
- führt zur Aufwertung der bedrohten Freiheitsräume bzw. zu Aggressionen gegen das werbetreibende Unternehmen.[242]

Zusammenfassend bedeutet dies, dass der Erfolg von MMI letztlich von den genannten, für den Kunden relevanten Aspekten abhängig ist. Diese führen zu der Erkenntnis, ob ein Konsument die Absicht hat, ein Instrument zu nutzen. Darauf stützen sich Annahmen zur Akzeptanz oder Reaktanz bzw. entscheidet seine Zufriedenheit nach der tatsächlichen Nutzung darüber. Welche theoretischen Modelle den Aspekten der Nutzungsabsicht und Endkundenakzeptanz zugrunde liegen, welche Untersuchungen in wissenschaftlicher Hinsicht zum Zeitpunkt der Entstehung dieser Arbeit vorliegen und welche Faktoren letztlich für die Nutzungsabsicht und Endkundenakzeptanz verantwortlich sind, wird nachfolgend eingehend untersucht.

---

[239] Vgl. Heinonen, Strandvik (2007), S. 603.
[240] Silberer, Schulz (2007), S. 7.
[241] Vgl. Silberer, Schulz (2007), S. 7f.
[242] Vgl. Silberer, Schulz (2007), S. 8f.

6. Studienanalyse zur Nutzungsabsicht und Endkundenakzeptanz von MMI

Für die Analyse wissenschaftlicher Studien zur Nutzungsabsicht und Endkundenakzeptanz von MMI müssen diese zunächst identifiziert und die zugrunde gelegten Theorien vorgestellt sowie die einzelnen Charakteristika der Studien dargestellt werden. Anschließend können die identifizierten Erfolgsfaktoren und Barrieren klassifiziert sowie Praxisimplikationen gegeben werden. Zuletzt schließt eine kritische Würdigung der betrachteten Studien das Kapitel ab.

Um die Einflussfaktoren der Nutzungsabsicht und Endkundenakzeptanz von MMI zu identifizieren, bedurfte es einer umfassenden **Recherche**, um einschlägige wissenschaftliche Studien anhand von Schlagworten, wie „acceptance + mobile", „mobile marketing", „use + mobile" etc. in verschiedenen Online-Datenbanken (z.B. EBSCO Business Source Permier) zu finden. Einige Analysen wurden bereits bei der Suche nach Praxisbeipielen (s. Kap. 4.1) hervorgebracht. Insgesamt fiel auf, dass die meisten Studien nur ein Instrument, z.B. LBS, näher beleuchten statt die Gesamtheit der in dieser Arbeit betrachteten MMI. Außerdem sind ausschließlich Artikel aus der angloamerikanisch publizierten Literatur zu finden (30), wobei die meisten aus den führenden wissenschaftlichen Zeitschriften aus dem Marketing-, Management- und Informationstechnologiebereich stammen.[243]

6.1 Zugrunde liegende Theorien

Da sich die vorliegenden Untersuchungen zum Ziel setzen, die Einflussfaktoren auf die Akzeptanz von MMI zu identifizieren, liegt es nahe, dass sich die Autoren an Theorien zur Akzeptanz, Verhaltens- und Nutzungsabsicht bedienen. Dabei ziehen fast alle Studien das etablierte und mehrfach validierte „Technology Acceptance Model" (TAM) von Davis (1989) heran.[244] Dieses basiert auf der „Theory of Reasoned Action" von Ajzen (1985),

---

[243] Journal of Electronic Commerce Research, Journal of the Academy of Marketing Science, Electronic Commerce Research and Applications, Information and Management, Journal of Interactive Marketing, Database Marketing & Customer Strategy Management, International Journal of Mobile Marketing, Psychology & Marketing, Journal of Organizational Computing And Electronic Commerce, Business Process Management, Journal of International Consumer Marketing, Journal of Internet Banking & Commerce, Journal of Internet Commerce, Information Systems Journal und International Journal of Mobile Communications.

[244] Vgl. Nysveen, Pedersen, Thorbjørnsen (2005), S. 330; Zhang, Mao (2008), S. 787; Lee, Jun (2007b), S. 341; Junglas (2007), S. 389; u.a.

welches die Akzeptanz zu erklären versucht[245] und ebenfalls von einige[n] herangezogen wird[246]. Nach dem TAM ist die tatsächliche Nutzung [von der] Einstellungsakzeptanz abhängig, welche sich wiederum aus den beiden Faktoren „[perceived] usefulness" (wahrgenommener Nutzen) und „perceived ease of use" (wahrgen[ommene] einfache Bedienbarkeit) ergibt.[247] Die nachfolgende Abbildung 21 soll die Wirku[ngszu]sammenhänge des TAM übersichtlich darstellen. Neben dem TAM werden vo[n den] einzelnen Autoren noch eine Vielzahl an weiteren Theorien herangezogen, um [die] Nutzungsabsicht bzw. Kundenakzeptanz von MMI zu erklären.[248]

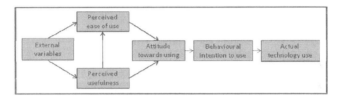

Abbildung 21: Technology Acceptance Model
Quelle: Eigene Darstellung in Anlehnung an Koivumäki, Ristola, Kesti (2006), S. 421.

Letztlich kann zusammengefasst werden, dass die Autoren der betrachteten Studien auf etablierte theoriebasierte Modelle zurückgreifen und entlang diesen Hypothesen entwickeln, die anschließend quantitativ empirisch getestet werden. Neben den empirisch-prüfenden Studien konnten ebenfalls solche identifiziert werden, welche ein konzeptionelles Modell zur Messung der Kundenakzeptanz entwickeln. Es handelt sich um weiterführende Theorien bzw. Modelle, die bei der künftigen Erforschung der Kundenakzeptanz von Bedeutung sein können. Die drei wichtigsten können Tabelle A3 im Anhang entnommen werden.

6.2 Charakteristika der empirischen Studien im Überblick

Bevor einzelne Erfolgsfaktoren diskutiert werden, soll ein Überblick über die folgenden bedeutenden Charakteristika der Studien gegeben werden: untersuchtes MMI, Untersuchungsland (mit Untersuchungsjahr), Stichprobenumfang mit Angabe der befragten

---

[245] Vgl. Ajzen (1985), S. 11-39.
[246] Vgl. Bina, Karaiskos, Giaglis (2008), S. 297; Hanley, Becker, Martinsen (2005), S. 51; u.a.
[247] Vgl. Davis (1989), S. 319-340.
[248] Die wichtigsten sind: Theory of reasoned action (TRA), Theory of Planned Behavior (TPB), Motivation Theory, Media Richness Theory, Innovation Diffusion Theory (IDT), Unified Theory of Acceptance and Use of Technology (UTAUT), Personal Innovativeness in the Domain of Information Technology (PIIT), Social Influence Theory etc.

ngsmethode und methodisches Vorgehen. Tabelle A4 im
je Studie mit der Information zu Autor(en), Erscheinungsjahr
bzw. Barrieren zusammenfassend dar. An dieser Stelle soll
dass die Autoren teilweise unterschiedliche Begrifflichkeiten
κzeptanz[249] und Akzeptanzabsicht,[250] Einstellung,[251] Verhaltens-
ht,[253] tatsächlicher Nutzung[254] oder Wiederkaufsabsicht[255] gespro-
diese nahe beieinander bzw. herrscht zwischen ihnen ein Wirkungs-
Kap. 5.2), sodass unterstellt wird, dass die Ergebnisse vergleichbar sind
nur noch von Akzeptanz bzw. Nutzungsabsicht gesprochen wird.

für diese Arbeit ist die Tatsache, dass in den identifizierten Studien nicht nach
des Instrumentes nach den zuvor erarbeiteten Prozessen Kundenannäherung, -
ng und -pflege differenziert wird. Daher wird dieser Aspekt in den anschließenden
ntungen vernachlässigt, jedoch als relevantes Kriterium bei der kritischen Würdigung
apitel 6.4 wieder aufgenommen.

Die nachfolgende Abbildung 22 visualisiert die Häufigkeiten der jeweils untersuchten MMI bzw. jene der Länder, in welchen die Analysen durchgeführt wurden. Eine genauere Erklärung erfolgt daran anschließend.

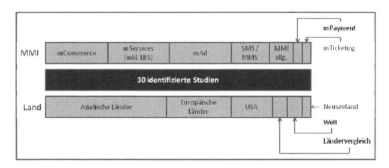

Abbildung 22: Häufigkeiten der untersuchten MMI und Länder
Quelle: Eigene Darstellung.

---

[249] Vgl. Merisavo et al. (2005); u.a.
[250] Vgl. Lu et al. (2007).
[251] Vgl. Bauer et al. (2005); Hsu, Lu, Hsu (2008).
[252] Vgl. Han et al. (2006); Lee, Cheung, Chen (2006); Lee, Jun (2007b); Zhang, Mao (2008); u.a.
[253] Vgl. Chen (2008); Koivumäki, Ristola, Kesti (2006); Yang (2006); u.a.
[254] Vgl. Bina, Karaiskos, Giaglis (2008); Pedersen (2005); Wu, Wong (2004).
[255] Vgl. Lee, Jun (2007a).

Bei der Betrachtung der jeweils **untersuchten MMI** ist auffällig, dass insgesamt nur drei Studien allgemein die Nutzungsabsicht bzw. Endkundenakzeptanz von MMI untersuchen. V.a. mAd und mCommerce stehen mit je sieben Studien im Zentrum der Analysen, gefolgt von der Untersuchung von mobilen Services mit sechs Studien. Auf die Nutzungsabsicht und Akzeptanz von mobile MMS- und SMS-Kampagnen sind drei bzw. ein Autor(en) eingegangen. Je eine Studie beschäftigt sich mit mPayment, mTicketing und LBS. Daran ist zu erkennen, dass einige mobile Anwendungen noch nicht untersucht worden sind, wie z.b. mCouponing, Bluetooth-Marketing, mPortale etc.

Bezüglich **des Landes / der Länder** kann festgehalten werden, dass die meisten empirischen Untersuchungen in Asien mit einer Gesamtanzahl von 13 Studien durchgeführt worden sind, wobei der Großteil Taiwan, gefolgt von Südkorea und China sowie Japan, Indien, Dubai und Hongkong zuzuordnen ist. Hingegen waren europäische Länder nur sieben Mal Gegenstand der Untersuchungen. Dabei konnten drei aus Finnland, zwei aus Deutschland und jeweils eine Studie aus Norwegen und Griechenland identifiziert werden. Die USA standen bei insgesamt fünf Untersuchungen im Mittelpunkt. Weiterhin setzten sich zwei Analysen zum Ziel, den Weltmarkt möglichst repräsentativ darzustellen. Zwei weitere Studien stellten Ländervergleiche an, welche zum einen zwischen den USA und Pakistan sowie zum anderen zwischen Finnland, Deutschland und Griechenland durchgeführt wurden. Zuletzt wurde Neuseeland einmal untersucht. Die Ursache für die Dominanz asiatischer Studien liegt darin, dass Länder wie Taiwan, Südkorea, etc. sehr fortschrittlich in der Entwicklung mobiler Anwendungen sind und bereits seit Jahren Penetrationsraten über 100 % bei mobilen Endgeräten aufweisen.[256] Insgesamt erstreckten sich die Untersuchungen auf Zeiträume zwischen 2001 und 2008.

Bei den qualitativen Studien umfasst die **Stichprobe** eine geringe Anzahl an Personen. Dies gründet im zeitlichen, finanziellen und großen Umfang von qualitativen Befragungen, wie z.B. bei persönlichen Einzelinterviews. Zwei Studien machten sich deshalb Fokusgruppen zunutze, bei welchen der Input zur Nutzungsabsicht bzw. Endkundenakzeptanz mehrerer Personen gleichzeitig einfließen kann. Bei den quantitativen Studien liegt der Stichprobenumfang je nach Analysemethode und eingesetztem Schätzmodell zwischen 58 und 4.105 Personen.

---

[256] Vgl. Yang (2006), S. 39.

Wie bereits bei den Fallbeispielen in Kapitel 4.3 deutlich wurde, richten sich viele MMI v.a. an junge Zielgruppen. Daher ist es nicht verwunderlich, dass auch die wissenschaftlichen Studien hauptsächlich diese **Personengruppen** als Informanten heranziehen. Über die Hälfte der empirischen Untersuchungen stellen lediglich Personen zwischen ca. 18 und 35 Jahren in den Fokus ihrer Betrachtung. Darunter konzentrieren sich 13 Autoren auch lediglich auf Studenten bzw. junge Leute, womit die Repräsentativität der Aussage eingeschränkt wird. Weiterhin werden in vier Studien explizit neben Studenten Experten aus der Wirtschaft befragt.[257] Die restlichen 13 empirischen Untersuchungen befragen Personen zwischen 14 und 72 Jahren, wobei teilweise auch keine exakten Informationen über die Soziodemografika der befragten Personengruppen vorliegen.

Die untersuchten Studien machen alle von primären **Erfassungsmethoden** Gebrauch. Fast alle quantitativen Studien erheben die Daten mittels schriftlicher Befragung, womit die Komplexität, beispielsweise bei Ländervergleichen und online-Befragungen, reduziert wird. In drei Fällen dient eine vorgelagerte qualitative Erfassung als Basis für die Erstellung des für die quantitative Befragung notwendigen Fragebogens. Davon wurden zwei mittels Fokusgruppen durchgeführt,[258] die andere mittels acht persönlichen Experteninterviews.[259] Weiterhin handelt es sich bei fast allen Studien um Querschnittsanalysen mit der Beschreibung eines Ist-Zustandes. Insgesamt kommt nur einmal eine Längsschnittanalyse zum Tragen, welche die Veränderungen über einen Zeitraum von vier Jahren beleuchtet.

Bezüglich des **methodischen Vorgehens** wurden bei den wenigen vorgelagerten qualitativen Untersuchungen sowohl im Falle der Interviews als auch der Fokusgruppen offene Fragen gestellt.[260] Die Antworten wurden anschließend in Gruppen von Informationen kategorisiert und für Ideen und Ansatzpunkte zur Erstellung eines Fragebogens herangezogen. Eine wichtige Rolle spielte dabei die Messung von Reliabilität und Validität. Die quantitativen Analysen umfassten einfache Methoden, wie z.B. Häufigkeitsverteilungen oder Mittelwertvergleiche. Allerdings griffen viele Studien auch auf multivariate Analysen aus der Exploration und Explanation zurück, wie Faktoren-, Regressions- und Korrelationsanalysen etc. Außerdem fanden komplexere Kausalanalysen zur Schätzung von

---

[257] Vgl. Bhatti (2007); Chen (2008); Lu et al. (2007); Lee, Jun (2007b).
[258] Vgl. Carroll, Barnes, Scornavacca (2005); Pagani (2004).
[259] Vgl. Bauer et al. (2007).
[260] Vgl. Bauer et al. (2007); Carroll, Barnes, Scornavacca (2005); Pagani (2004).

Modellen mittels Kovarianz und Strukturvergleichen, wie LISREL (Linear Structural Relationships) oder PLS (Partial Least Squares), Anwendung.

6.3 Identifizierung der Erfolgsfaktoren und Barrieren von MMI

Um die Identifizierung der Erfolgsfaktoren und Barrieren tiefgehender zu betrachten, erfolgt in einem ersten Schritt eine Klassifizierung nach den verschiedenen MMI. Es wird außerdem unterstellt, dass die Erfolgsfaktoren nach dem Kundenmanagement-Prozess variieren. Im Anschluss soll daher nach Gemeinsamkeiten bzw. Unterschieden bezüglich der drei dargestellten Kundenmanagement-Prozesse differenziert werden.

6.3.1 Klassifizierung der Einflussfaktoren nach Instrumenten

Wie bereits dieses Hauptkapitels bei der Identifizierung der wissenschaftlichen Studien erwähnt, konnten nur Analysen zu mobilem Marketing und mCommerce im Allgemeinen sowie zu mAd, mobilen Services (inkl. LBS), MMS-/SMS-Kampagnen, mPayment sowie mTicketing im Speziellen identifiziert werden. Die Erfolgsfaktoren bzw. Barrieren dieser Instrumente sollen im Folgenden zusammengefasst werden. Die einzelnen Ergebnisse können Tabelle A4 im Anhang entnommen werden. Für MMI, die nicht Gegenstand der Untersuchungen geworden sind (mCouponing, mVoting, mGewinnspiele, mInternet/mPortale, mCommunities etc.), wird in Kapitel 6.4.2 angenommen, dass die selben Erfolgsfaktoren gelten wie für die untersuchten MMI im entsprechenden Kundenmanagement-Prozess.

Bei den drei Studien, welche **allgemein Mobile-Marketing-Instrumente** untersucht haben, ermittelten zwei einen positiven Einfluss des *wahrgenommenen Nutzens* auf die Akzeptanz bzw. Nutzungsabsicht[261] und eine einen positiven Einfluss der *wahrgenommenen einfachen Bedienbarkeit*[262]. Dies entspricht einer Bestätigung der TAM-Kriterien. Weiterhin belegen zwei Untersuchungen die positive Wirkung *sozialer Einflüsse*.[263] Je eine Studie bestätigte den Einfluss der *Innovationsfreude* des Nutzers[264] und der Erteilung der *Erlaubnis* auf die Akzeptanz[265]. Letzteres wurde in einer anderen Studie umgekehrt nachgewiesen, da das

---

[261] Vgl. Bauer et al. (2005), S. 188; Han et al. (2006), S. 221.
[262] Vgl. Han et al. (2006), S. 221.
[263] Vgl. Bauer et al. (2005), S. 188; Han et al. (2006), S. 221.
[264] Vgl. Han et al. (2006), S. 221.
[265] Vgl. Rohm, Sultan (2006), S. 8f.

Risiko als negativer Einflussfaktor ermittelt wurde.[266] Weiterhin konnte belegt werden, dass die Akzeptanz von der Art des MMI abhängt[267] und ebenso die Einstellung zu diesem Thema eine Rolle spielt[268]. Zuletzt wurden die Aspekte *Alter*, *Geschlecht* und *Innovationsfreude* als Rahmenbedingungen identifiziert,[269] worauf am Ende dieses Kapitels noch näher eingegangen wird.

Die sieben Studien zu **mCommerce** weisen im Vergleich zu jenen zu mobilem Marketing weniger stringente Ergebnisse auf. Gerade bei den TAM-Kriterien wurden Unterschiede deutlich. So ermittelten je fünf Studien einen positiven Einfluss des *wahrgenommenen Nutzens* bzw. der *wahrgenommenen einfachen Bedienbarkeit* auf die Nutzungsabsicht.[270] Jedoch zeigt eine Studie, dass der *wahrgenommene Nutzen* im Vergleich zu anderen technologischen Alternativen geringer wäre und daher keinen signifikanten Einfluss auf die Nutzungsabsicht habe.[271] Zwei Untersuchungen belegen, ohne weitere Begründungen anzugeben, dass es keinen signifikanten Einfluss der *wahrgenommenen einfachen Bedienbarkeit* auf die Akzeptanz gebe.[272] Als positive Einflussfaktoren wurden von zwei bzw. einer Studie der *Kontextbezug*,[273] sowie die *Kontrollmöglichkeit*,[274] das *wahrgenommene Vergnügen*[275] und die *subjektive Norm*[276] identifiziert[277]. Bei den Barrieren stellten drei Studien den negativen Einfluss des *Risikos bzw. das Nicht-Einhalten der Privatsphäre* fest;[278] zwei Untersuchungen ermittelten den negativen Einfluss der für den Nutzer entstehenden *Kosten*.[279] Zuletzt ergab eine Untersuchung, dass *Innovationsfreude* keine bedeutende Rolle spiele.[280]

---

[266] Vgl. Bauer et al. (2005), S. 188.
[267] Vgl. Bauer et al. (2006), S. 189; Rohm, Sultan (2006), S. 8.
[268] Vgl. Rohm, Sultan (2006), S. 8f.
[269] Vgl. Han et al. (2006), S. 221-223; Rohm, Sultan (2006), S. 9.
[270] Vgl. Lee, Jun (2007a), S. 807; Lee, Jun (2007b), S. 349; Massoud, Gupta (2003), S. 401f.
[271] Vgl. Bhatti (2007), S. 10.
[272] Vgl. Song, Koo, Kim (2004), S. 26; Wu, Wang (2004), S. 725f.
[273] Vgl. Lee, Jun (2007a), S. 807; Lee, Jun (2007b), S. 349.
[274] Vgl. Bhatti (2007), S. 10.
[275] Vgl. Song, Koo, Kim (2004), S. 26.
[276] Subjektive Norm: Eine Komponente der fundierten Verhaltenstheorie von Fishbein, nach der ausgedrückt wird, welche Überzeugungen ein Individuum über das von ihm erwartete Verhalten hat und das Ausmaß der Bereitschaft, diesem normativen Druck zu entsprechen. o.V. (2008l), o.S.
[277] Vgl. Bhatti (2007), S. 10.
[278] Vgl. Wu (20004), S. 726; Massoud, Gupta (2003), S. 401; Vrechopoulos et al. (2003), S. 335.
[279] Vgl. Wu (20004), S. 726; Massoud, Gupta (2003), S. 401.
[280] Vgl. Bhatti (2007), S. 10.

Ähnlich dem mCommerce ergaben sich auch bei der Ermittlung der Erfolgsfaktoren und Barrieren von **mServices** einige widersprüchliche Ergebnisse. So ermittelten wiederum fast alle Studien einen positiven Einfluss der beiden TAM-Kriterien auf die Nutzungsabsicht bzw. Endkundenakzeptanz,[281] allerdings kam je eine Studie zu dem Ergebnis, dass der *wahrgenommene Nutzen*[282] und die *wahrgenommene einfache Bedienbarkeit*[283] keine signifikante direkte Auswirkung auf die Akzeptanz habe, sondern nur eine indirekte. Ein kontroverses Ergebnis ergab sich bezüglich des *sozialen Einflusses*. Während zwei Studien diesen positiv nachwiesen,[284] ermittelte eine Studie negative Auswirkungen auf die Akzeptanz, wobei begründet wurde, dass nur interpersonelle Einflüsse (z.B. Freunde), nicht aber externe (z.B. Expertenmeinungen) Berücksichtigung fanden.[285] Das eigene *Selbstbewusstsein* bzw. die *Selbstkontrolle* lieferte einmal einen positiven Einfluss auf die Akzeptanz,[286] jedoch einen negativen Einfluss auf die subjektive Norm.[287] Dies ist darauf zurückzuführen, dass die Beeinflussung durch Dritte und deren Wertschätzung bei einem ausgeprägten Selbstbewusstsein geringer ausfällt. Weiterhin identifizierten jeweils zwei bzw. eine Analyse folgende Faktoren als positive Einflüsse: *Innovationsfreude*,[288] *(wahrgenommenes) Vergnügen*,[289] *(wahrgenommenes) Vertrauen*[290] und *subjektive Norm*[291]. Zuletzt machten drei Studien einen Wirkungszusammenhang zwischen der Akzeptanz und *externen Faktoren*, wie Unterstützung (durch den Anbieter), Technologie etc. aus.[292] Außerdem identifizierten zwei Autoren je das *Alter* und das *Geschlecht* als Rahmenbedingungen für die Nutzungsabsicht bzw. Akzeptanz.[293] An dieser Stelle soll angemerkt werden, dass die eine Studie, welche zu Location Based Services erstellt wurde, zur Vereinfachung bei den hier dargestellten Analysen zu mServices mit aufgenommen ist. Eine zusätzliche Erkenntnis, welche aus dieser Untersuchung hervorgeht, ist, dass die Akzeptanz auch bei

---

[281] Vgl. Wang, Lin, Luarn (2006), S. 168f; Lu et al. (2007), S. 59f; Nysveen, Pedersen, Thorbjørnsen (2005), S. 341; u.a.
[282] Vgl. Pedersen (2005), S. 216.
[283] Vgl. Koivumäki, Ristola, Kesti (2006), S. 427 und S. 429.
[284] Vgl. Pedersen (2005), S. 216; Bina, Karaiskos, Giaglis (2008), S. 306.
[285] Vgl. Lu et al. (2007), S. 59f.
[286] Vgl. Wang, Lin, Luarn (2006), S. 168f.
[287] Vgl. Pedersen (2005), S. 216.
[288] Vgl. Lu et al. (2007), S. 60; Nysveen, Pedersen, Thorbjørnsen (2005), S. 341.
[289] Vgl. Bina, Karaiskos, Giaglis (2008), S. 306; Nysveen, Pedersen, Thorbjørnsen (2005), S. 341.
[290] Vgl. Lu et al. (2007), S. 60; Wang, Lin, Luarn (2006), S. 168f.
[291] Vgl. Pedersen (2005), S. 216.
[292] Vgl. Koivumäki, Ristola, Kesti (2006), S. 427; Lu et al. (2007), S. 59f; Pedersen (2005), S. 216.
[293] Vgl. Lu et al. (2007), S. 60; Nysveen, Pedersen, Thorbjørnsen (2005), S. 343.

nicht-ortsgebundenen Services allein dadurch steigt, dass das Angebot von ortsbezogenen Diensten vorhanden ist. Dies bedeutet indirekt, dass das Image bzw. das Ansehen eine Rolle spielt.[294]

Ähnliches gilt offensichtlich nicht für **mAd**. Hier untersuchte eine von sechs Studien den Einfluss des *Images* des Unternehmens auf die Akzeptanz, konnte aber keinen nachweisen.[295] Hingegen konnten einige Faktoren in bis zu drei Studien identifiziert werden, welche einen signifikanten positiven Einfluss auf die Akzeptanz bzw. Nutzungsabsicht haben: *wahrgenommener Nutzen*[296] und *wahrgenommene einfache Bedienbarkeit*,[297] *Kontrolle* bzw. *Selbstbestimmung*,[298] *(wahrgenommenes) Vertrauen*,[299] *Kontextbezug*,[300] *Innovationsfreude*[301] und *subjektive Norm*[302]. Einige Faktoren wurden ebenfalls unterschiedlich eingeschätzt. So ermittelten zwei Untersuchungen, dass das *Risiko*, den Rezipienten zu stören und damit Verärgerung hervorzurufen, einen negativen Einfluss habe,[303] eine Analyse brachte jedoch hervor, dass dieses irrelevant sei.[304] Verwunderlich ist bezüglich der Argumentation aus Kapitel 5.1, mAd müsse einen Mehrwert bieten, das Ergebnis zur *(wahrgenommenen) Unterhaltung* bzw. zum *Vergnügen*. Während eine Studie einen positiven Einfluss bestätigte,[305] brachte eine andere hervor, dass dies sogar negative Auswirkungen auf die Akzeptanz von mAd habe.[306] Dies könnte eventuell darauf zurückzuführen sein, dass Kunden sich eher einen Informationsnutzen von Werbung erhoffen. Zudem unterstrich eine Untersuchung den Geschlechterunterschied, welcher darin besteht, dass Frauen insgesamt offener gegenüber mAd sind, mehr Vertrauen haben und eine bessere Erinnerung an das Beworbene haben. Außerdem ist auffällig, dass sich Männer mit Abstand besser an ein beworbenes Gebrauchsgut im Vergleich zu einem Verbrauchsgut erinnern, während dieser Unterschied beim weiblichen Geschlecht nur sehr

---

[294] Vgl. Junglas (2007), S. 401f.
[295] Vgl. Yang (2006), S. 41.
[296] Vgl. Merisavo et al. (2005), o.S.; Mital (2008), S. 122; Zhang, Mao (2008), S. 797f.
[297] Vgl. Zhang, Mao (2008), S. 797f.
[298] Vgl. Merisavo et al. (2005), o.S.; Hanley, Becker, Martinsen (2005), S. 53.
[299] Vgl. Merisavo et al. (2005), o.S.; Zhang, Mao (2008), S. 797f.
[300] Vgl. Merisavo et al. (2005), o.S.; Mital (2008), S. 122.
[301] Vgl. Yang (2006), S. 41.
[302] Vgl. Yang (2006), S. 41; Zhang, Mao (2008), S. 797f.
[303] Vgl. Merisavo et al. (2005), o.S.; Mital (2008), S. 122.
[304] Vgl. Hanley, Becker (2008), S. 77.
[305] Vgl. Yang (2006), S. 41.
[306] Vgl. Zhang, Mao (2008), S. 797f.

gering ausfällt.[307] Zuletzt analysierten zwei Studien den Einfluss von Anreizen (z.B. Free-SMS) bei mAd und kamen zu dem Ergebnis, dass Incentives Nutzen bringen, welcher die Akzeptanz von mobiler Werbung signifikant erhöht.[308]

Bei der Untersuchung der vier Studien zu **MMS- und SMS-Kampagnen** fiel auf, dass sehr viele verschiedene Einflussfaktoren auszumachen sind. Dies mag daran liegen, dass die Art und Zielsetzung der Kampagne sehr unterschiedlich sein kann, jedoch wurde dies in den Analysen nicht weiter spezifiziert. Je eine Studie wies einen positiven Einfluss der *Erlaubnis*,[309] der *sozialen Einflüsse*,[310] des *(wahrgenommenen) Vergnügens*,[311] des *Content*,[312] der *Innovation*[313] und der *Schnelligkeit*[314] nach. Mehrmals wurden die *TAM-Kriterien*,[315] aber auch die Möglichkeit der *Kontrolle* über den Empfang von Botschaften[316] als positive Einflussfaktoren identifiziert. Lediglich die *Kosten* stellten wiederum eine Barriere bei der Akzeptanz dar.[317] Zuletzt widmete sich eine der Studien einem Vergleich zwischen der Nutzungsabsicht von Pre- und Post-Adopter. So zeigte sich bei Pre-Adopter, dass technologische Faktoren eine Rolle spielen, wohingegen bei Post-Adopter soziale Einflüsse im Mittelpunkt standen.[318] Bei MMS- / SMS-Kampagnen trat auch das *Alter* als Rahmenbedingung auf.[319]

Zuletzt finden sich bei den untersuchten Studien noch je eine zur Akzeptanz von **mPayment** und **mTicketing**. Beide identifizierten das *(wahrgenommene) Risiko* als Hauptbarriere, welches sich v.a. durch die Unsicherheit bei den entstehenden Kosten (Grundgebühr und Kosten pro Transaktion) und der zur Nutzung notwendigen Zeit zusammensetzt.[320] Erfolgsfaktoren seien v.a. sog. *„Convenience"*-Aspekte, d.h. die mobile

---

[307] Vgl. Okazaki (2007), S. 905.
[308] Vgl. Hanley, Becker (2008), S. 77; Hanley, Becker, Martinsen (2005), S. 53.
[309] Vgl. Carroll, Barnes, Scornavacca (2005), o.S.
[310] Vgl. Hsu, Lu, Hsu (2008), S. 609.
[311] Vgl. Lee, Cheung, Chen (2006), S. 2073.
[312] Vgl. Carroll, Barnes, Scornavacca (2005), o.S.
[313] Vgl. Pagani (2004), S. 56.
[314] Vgl. Pagani (2004), S. 56.
[315] Vgl. Hsu, Lu, Hsu (2008), S. 609; Lee, Cheung, Chen (2006), S. 2073; Pagani (2004), S. 56.
[316] Vgl. Carroll, Barnes, Scornavacca (2005), o.S.
[317] Vgl. Pagani (2004), S. 56.
[318] Vgl. Hsu, Lu, Hsu (2008), S. 611.
[319] Vgl. Pagani (2004), S. 53.
[320] Vgl. Bauer et al. (2007), S. 464; Chen (2008), S. 44f.

Bezahlung oder Ticketbestellung bzw. -kauf ist schneller und bequemer, einfach in der Bedienung und kompatibel mit allen notwendigen Geräten bzw. Abrechnungsverfahren.[321]

Wie bereits mehrmals verwiesen, treten einige Aspekte offensichtlich als **Rahmenbedingungen** für die Akzeptanz von MMI auf. Dabei haben v.a. das Alter und das Geschlecht, aber auch die persönliche Innovationsfreude einen Einfluss. Während für jüngere Personen v.a. der Unterhaltungswert, die Interaktivität und das Interesse am breiten Angebot sowie soziale Einflüsse im Mittelpunkt stehen, ist für ältere, weniger innovative Personen, die (wahrgenommene) einfache Bedienbarkeit von großer Bedeutung. Ältere, innovative Personen hingegen legen v.a. auf den Kontext und den Informationsnutzen Wert.[322] Wie bereits erwähnt scheinen bei Werbung v.a. Frauen aufgeschlossener zu sein bzw. nehmen diese bewusster wahr.[323]

Während in den vorangegangen Ausführungen die Einflussfaktoren je untersuchtem MMI im Vordergrund stand, sollen in Anlehnung an das zuvor entwickelte Systematisierungsmodell im Folgenden die Haupteinflussfaktoren je Kundenmanagement-Prozess ermittelt werden.

6.3.2 Klassifizierung der Einflussfaktoren nach den Prozessen des Kundenmanagements

In diesem Abschnitt sollen die ermittelten Erfolgsfaktoren für die Akzeptanz von MMI den Kundenmanagement-Prozessen zugeordnet werden, da zuvor die Annahme unterstellt wurde, dass diese von den Prozessen abhängig sind. Der Zweck des MMI ist demnach entscheidend, d.h. ob eine Kundenannäherung, -gewinnung oder -pflege fokussiert wird. Da insgesamt jedoch nur einige MMI untersucht wurden, sollen diese im Folgenden beispielhaft für die Erfolgsfaktoren bzw. Barrieren in dem entsprechenden Prozess dienen. So werden die Studien zu mAd und MMS- bzw. SMS-Kampagnen der Kundenannäherung zugeordnet, jene zu mCommerce sowie mTicketing und mPayment dem Kundengewinnungsprozess und jene zu mServices dem Prozess der Kundenpflege. Werden

---

[321] Vgl. Chen (2008), S. 44f.
[322] Vgl. Han et al. (2006), S. 221; Lu et al. (2007), S. 60; Nysveen, Pedersen, Thorbjørnsen (2005), S. 343; Pagani (2004), S. 53-56; Rohm, Sultan (2006), S. 9.
[323] Vgl. Okazaki (2007), S. 905f.

die vorangegangenen Erkenntnisse für die Prozess-Betrachtung zusammengefasst, ergeben sich folgende Erkenntnisse:

Bei der **Kundenannäherung** haben die Faktoren *Kontrolle* sowie *wahrgenommener Nutzen* und *wahrgenommene einfache Bedienbarkeit* den höchsten Stellenwert. Bei den Barrieren stehen v.a. die *Nicht-Erlaubnis* bzw. das *Risiko*, zu stören oder Verärgerung hervorzurufen, im Mittelpunkt. Eine Begründung hierfür ist der Aspekt, dass Kunden zum einen nicht belästigt werden und damit nur kontrolliert die Annäherung des Unternehmens erlauben wollen. Zum anderen treten die Konsumenten möglicherweise zum ersten Mal mit MMI in Kontakt, weshalb sie klar den Nutzen erkennen wollen. Besonders relevant scheinen in diesem Zusammenhang Incentives zu sein, d.h. der Kunde wünscht einen Anreiz bzw. eine Art „Entschädigung" dafür, dass er einem Unternehmen erlaubt, sein Handy für MMI zu verwenden. Außerdem wünscht der Konsument eine einfache Handhabung. Dies gründet darin, dass er noch ungeübt im Umgang mit MMI ist. Diese Gesichtspunkte sind nachvollziehbar, da der Kunde in diesem Prozessschritt fokussiert werden soll. Da bereits argumentiert wurde, dass eine langfristig orientierte Ausrichtung der Unternehmen-Kunden-Beziehung angestrebt wird, wäre es nicht empfehlenswert, den Konsumenten bei dieser ersten Kontaktaufnahme zu belästigen, zu verärgern, zu überfordern oder zu verunsichern. Weitere Einflussfaktoren, welche jedoch eine geringere Bedeutung aufweisen, sind Aspekte wie *Kontext-Bezug*, *soziale Einflüsse* oder *Innovationsfreude*.

Im Prozess der **Kundengewinnung** stehen die *TAM-Kriterien* im Vordergrund. Diese haben einen hohen positiven, signifikanten Einfluss auf die Akzeptanz der MMI. Nur ein klarer Nutzen und eine einfache Bedienung verschaffen dem Konsumenten einen wahrgenommenen Mehrwert, welcher nötig ist, um ihn von der Maßnahme zu überzeugen. Wenig verwunderlich ist weiterhin, dass v.a. *entstehende Kosten* und ein *zeitlicher Mehraufwand* sich als besonders große Barrieren für die Nutzungsabsicht der Instrumente erweisen. Diese Aspekte werden von einigen Autoren unter dem Begriff des *Risikos* subsummiert und treten v.a. bei Transaktionsdiensten, wie mPayment und mTicketing, auf, d.h. v.a. bei der Ergebnisabsicherung. Ein anderer Gesichtspunkt, welcher v.a. in Hinblick auf die Kontaktvorbereitung und -durchführung an Bedeutung gewinnt, ist das *Eindringen in die Privatsphäre*. Der Kunde wünscht die Kontrolle über den Umfang, den Zeitpunkt und die Art der Ansprache, welche ihm zugesprochen werden muss, da sonst die Gefahr der

Reaktanz entsteht. Dies scheint unabdingbar, auch wenn der *Kontext-Bezug* direkt als weniger relevanter Einflussfaktor identifiziert wurde, wie auch die Aspekte der *subjektiven Norm* und des *(wahrgenommenen) Vergnügens*. Letzteres ist logisch nachvollziehbar, da im Bereich der Kundengewinnung hauptsächlich service- oder transaktionsorientierte Dienste mit absatzpolitischen Zielsetzungen im Vordergrund stehen, welche weniger einen Unterhaltungsmehrwert für den Kunden generieren sollen.

Bei der **Kundenpflege** gelten die bereits zuvor angesprochenen Einflussfaktoren bei mServices, da diese als einziges Referenz-Instrument im Hinblick auf die vorliegende Arbeit bestehen. So sind der *wahrgenommene Nutzen* und die *wahrgenommene einfache Bedienbarkeit* von Bedeutung, auch wenn in wenigen Studien keine Beeinflussung durch diese nachgewiesen werden konnte. Weiterhin wirken sich die *Unterstützung* durch das anbietende Unternehmen und *technische Kompatibilität* etc. positiv auf die Akzeptanz aus. Die größten Barrieren in diesem Prozess sind ebenfalls die Befürchtungen der Konsumenten, dass hohe *Kosten* durch die Nutzung auf sie zukommen würden. Ein weiterer relevanter Aspekt ist das *Vertrauen*. Da v.a. die Bindung des Kunden fokussiert wird, ist unabdingbar, dass sich der Nutzer durch die MMI des Unternehmens in seinen eigenen Interessen bestärkt bzw. unterstützt fühlt. Wie schon zuvor ist das *(wahrgenommene) Vergnügen* ein weiterer Einflussfaktor, allerdings ist dies wiederum abhängig davon, ob es sich um einen Unterhaltungs- oder eher Informationsmehrwert handelt. Zuletzt beeinflusst die *Innovationsfreude* die Akzeptanz eines MMI durch den Kunden, was darauf zurückzuführen ist, dass technikaffine Personen aus der modernen Zielgruppe grundsätzlich interessierter an MMI sind bzw. weniger Schwierigkeiten im Umgang damit haben.

6.4 Kritische Würdigung der Ergebnisse und zukünftiger Forschungsbedarf

Bei der genaueren Betrachtung der Ergebnisse muss zunächst angemerkt werden, dass zwar unterschiedliche Studien verschiedene **Länder** betrachtet haben, jedoch nicht dieselbe Studie in mehreren Ländern durchgeführt wurde,[324] weshalb ein Vergleich der Ergebnisse kaum möglich ist bzw. keine allgemeingültigen Implikationen daraus gezogen werden können. Einzige Ausnahme bilden jene Untersuchungen, welche einen Ländervergleich

---

[324] Vgl. Hanley, Becker (2008), S. 78; Merisavo et al. (2005), o.S.; u.a.

angestellt haben, wobei auch hier nur zwei bis drei Nationen analysiert wurden.[325] Dasselbe gilt für das **untersuchte MMI**. Auch hier wurde meist nur eines betrachtet, wodurch eine Vergleichsmöglichkeit der Ergebnisse bezüglich anderer Instrumente nur bedingt gegeben ist, wobei weiterhin einige Instrumente noch nicht Gegenstand der Untersuchung gewesen sind,[326] so z.B. mGewinnspiele, mCoupons, mPortale oder Bluetooth-Marketing. Zwar ist bei diesen der Erfolg teilweise direkt über Rücklauf- oder Nutzungsquoten messbar, jedoch gibt das noch keinen Aufschluss über die Erfolgsfaktoren der Akzeptanz. Zudem handelt es sich bei mehreren Untersuchungen um **Prototyp-Services**,[327] d.h. die Aussagekraft ist hypothetisch. Die Befragung ähnelt einem Experiment, bei dem unklar ist, ob Personen auch tatsächlich so handeln würden, wie sie es im Fragebogen angeben.[328]

Viele Kritikpunkte zur Aussagefähigkeit der Ergebnisse gibt es bei der befragten **Personengruppe**, weshalb hier noch erheblicher Forschungsbedarf besteht: Zum ersten wurde oftmals nur eine Interessensgruppe derselben Altersstufe untersucht (z.B. Studenten).[329] Dies impliziert die Analyse heterogener Befragungsgruppen,[330] was oftmals eine höhere Anzahl an Interviewten mit sich bringt.[331] Eine weitere Problematik entsteht dadurch, dass die untersuchte Zielgruppe meist aus frühen Adoptern besteht,[332] welche dem Thema „mobile Kommunikation" aufgeschlossen und affin gegenüber sind[333] und somit nicht repräsentativ für die gesamte Bevölkerung stehen. Zudem wurden die meisten Befragungen online durchgeführt, was wiederum eine Verzerrung der Ergebnisse zur Folge hat, da die Teilnehmer sich selbst selektieren.[334]

Eine weitere Tatsache ist, dass sich MMI noch im **Anfangsstadium** befinden und somit die Aussagekraft der Studien nur bedingt eingeschätzt werden kann.[335] Dieser Aspekt wird noch dadurch verstärkt, dass keine Betrachtungen über einen Zeitraum hinweg vorliegen[336] – mit Ausnahme der Studie von Hanley / Becker (2004), weshalb ebenso keine Änderungen in der

---

[325] Vgl. Rohm, Sultan (2006), S. 4; Vrechopolous et al. (2003), S. 329.
[326] Vgl. Hanley, Becker, Martinsen (2005), S. 55.
[327] Vgl. Koivumäki, Ristola, Kesti (2006), S. 430.
[328] Vgl. Junglas (2007), S. 403.
[329] Vgl. Rohm, Sultan (2006), S. 10.
[330] Vgl. Yang (2006), S. 46.
[331] Vgl. Pedersen (2005), S. 217.
[332] Vgl. Pedersen (2005), S. 217.
[333] Vgl. Lee, Cheung, Chen (2006), S. 2075.
[334] Vgl. Hsu, Lu, Hsu (2008), S. 64.
[335] Vgl. Chen (2008), S. 48.
[336] Vgl. Pedersen (2005), S. 218.

Akzeptanz bzw. im Verhalten aufgedeckt werden.[337] Zuletzt regen einige Autoren die nähere Untersuchung von folgenden Aspekten in der Zukunft an, da gegebenenfalls die bisherige Annahme, dass mobiles Marketing technologiegetrieben und damit mit Hilfe des TAM-Modells erklärbar ist, zu eng gefasst ist:[338]

- Nähere Betrachtung des Permission Marketing und des Risikos.[339]
- Einbinden weiterer dynamischer Faktoren.[340]
- Notwendigkeit der differenzierteren Anschauung der Privatsphäre.[341]
- Voranstellen einer Analyse der Erwartungen der Kunden.[342]

Insgesamt muss noch angemerkt werden, dass die betrachteten Untersuchungen in einem **Zeitraum** zwischen 2001 und 2008 stattgefunden haben. Aufgrund der Dynamik, welche auf dem mobilen Markt herrscht,[343] muss stets in Frage gestellt werden, ob die Ergebnisse noch zeitgemäß sind. Weiterhin ist als entscheidende Tatsache anzumerken, dass die untersuchten Studien allesamt keine Unterscheidung nach dem Zeitpunkt der Ansprache treffen, sodass eine **Einordnung in einen bestimmten Kundenmanagement-Prozess** in Kapitel 6.3.2 nur über die Art des Instrumentes (z.B. mAdvertising bei der Kundenannäherung) und der zugrunde liegenden Annahme der Arbeit, die Erfolgsfaktoren wären vom Kundenmanagement-Prozess abhängig, erfolgt.

Nach dieser kritischen Würdigung der Ergebnisse und dem Aufdecken des künftigen Forschungsbedarfs, werden nun die Praxisimplikationen auf Basis der untersuchten Studien zur Nutzungsabsicht bzw. Akzeptanz von MMI dargestellt.

6.5 Implikationen für die Praxis

Werden die vorangegangenen Erkenntnisse zusammengefasst, so sollten Unternehmen, welche sich MMI für ein erfolgreicheres Kundenmanagement zunutze machen wollen, besonders auf folgende Aspekte achten: V.a. im Bereich der **Kundenannäherung**, aber auch in den anderen, sollte stets gewährleistet sein, dass der Kunde selbst bestimmen kann,

---

[337] Vgl. Wu, Wang (2004), S. 728.
[338] Vgl. Zhang, Mao (2008), S. 799.
[339] Bauer et al. (2005), S. 189f.
[340] Vgl. Pagani (2004), S. 58.
[341] Lee, Jun (2007a), S. 809.
[342] Vgl. Pedersen (2005), S. 218.
[343] Vgl. Oswald, Tauchner (2005), S. 15.

welches MMI bei ihm Anwendung findet bzw. welche Services oder Botschaften ihm zukommen, d.h. er die volle Kontrolle hat. Dies impliziert den nächsten Aspekt der Erlaubnis, welche, wie bereits in Kapitel 5 beleuchtet, vom Kunden erteilt worden sein muss, um die Akzeptanz zu steigern bzw. um keine Reaktanz hervorzurufen.[344] Von besonderer Bedeutung in diesem Zusammenhang ist ebenso die Vermittlung des Nutzens.[345] Gerade dem Kunden, welcher bisher noch nicht mit MMI angesprochen wurde, muss klar vermittelt werden, welchen Benefit er durch diese Maßnahme erhält, d.h. welchen Vorteil bzw. Informations-, Unterhaltungsmehrwert etc. er dadurch erzielen kann. Von Bedeutung ist demnach, dass die Maßnahme für den Konsumenten relevant ist.[346] Werden dem Kunden in diesem Zusammenhang Incentives (z.B. Free-SMS) angeboten, erfreut er sich wesentlich mehr an der Maßnahme[347] bzw. kann festgestellt werden, dass die Erlaubnis eigentlich immer erteilt wird, wenn der Anreiz nur groß genug ist.[348] Zudem spielt die Heranführung des Kunden an das Instrument eine große Rolle, sodass er die Bedienung als einfach, komfortabel und nutzerfreundlich empfindet, wobei Aspekte der Qualität und Sicherheit ebenfalls Berücksichtigung finden müssen.[349] Dafür ist mitunter das mobile Endgerät verantwortlich, aber auch das Unternehmen muss gewährleisten, dass die Navigation als leicht und angenehm empfunden wird.[350]

Das gleiche gilt entsprechend für die **Kundengewinnung**. Nur wenn die Nutzung einen Mehrwert verspricht, einfach und bequem ist sowie kompatibel mit Geräten oder Prozessen, welche durch die Aktion tangiert werden, können die Instrumente Erfolg versprechend sein. So macht beispielsweise mPayment nur Sinn, wenn die Abrechnung (z.B. über das Bankkonto) direkt erfolgt, ohne dass der Kunde sich nach der mobilen Bezahlung noch weiter darum kümmern muss. Gerade beim mTicketing und mPayment ist das Qualitätsziel von besonderer Bedeutung, da die Abwicklung risikobehaftet ist und somit die Gefahr besteht, dass ein Kunde, welcher einmal enttäuscht wurde, verloren ist. Um Barrieren zu senken, muss weiterhin eine stetige Unterstützung durch das Unternehmen gewährleistet

---

[344] Vgl. Mital (2008), S. 124.
[345] Vgl. Zhang, Mao (2008), S. 800.
[346] Vgl. Merisavo et al. (2005), o.S.
[347] Vgl. Hanley, Becker (2008), S. 78.
[348] Vgl. Schwarz (2008), o.S.
[349] Vgl. Vrechopolous et al. (2003), S. 338.
[350] Vgl. Han et al. (2006), S. 226.

sein und der Kunde sollte jederzeit die Möglichkeit haben, Feedback zu geben.[351] Außerdem gelten in diesem Zusammenhang der Kontext-Bezug[352] und die fokussierte Personalisierung der Ansprache[353] als wichtige Aspekte. Da in diesem Bereich weiterhin die entstehenden Kosten durch die Nutzung als große Barriere identifiziert werden konnten, ist es wichtig, dass die Unternehmen den entsprechenden Service entweder kostenlos anbieten oder im Falle einer Vergütung ein transparentes Preissystem vorlegen, welches dem Kunden frei zugänglich gemacht wird und er jederzeit über etwaige Kosten informiert ist.[354] Daraufhin kann dieser frei entscheiden, ob er das Angebot in Anspruch nimmt und welchen Preis er dafür zahlen will, wodurch die Nutzungsabsicht gesteigert wird. Gerade in diesem Zusammenhang spielt das Vertrauen eine große Rolle.[355] Der Konsument muss das Gefühl haben, dass das Unternehmen „ehrlich" zu ihm ist, damit er sich diesem gegenüber öffnet, z.B. für weitere Maßnahmen. Weiterhin sollte die Inanspruchnahme eines MMI für den Nutzer stets zeitsparend sein, sodass ihm ein entsprechender Mehrwert geboten wird.

Im Prozess der **Kundenpflege** sind die vorangegangenen bereits ausführlich dargestellten Aspekte der Nutzenstiftung, der einfachen Bedienbarkeit, der Kosten(transparenz) und des Vertrauens von besonderer Relevanz. Ein weiterer wichtiger Aspekt ist die hohe Wirkung viraler Effekte, welche zwar auch in der Kundenannäherung entscheidend sind, jedoch bei der Beziehungspflege von den sozialen Einflüssen getrieben werden. Ist ein Kunde von einer Anwendung begeistert, wird er nicht nur positiv darüber sprechen, was sich imagesteigernd auswirkt, sondern ermutigt Freunde und Bekannte ebenfalls zur Nutzung dieser Möglichkeit, womit dem Unternehmen wertvolle Kontakte entstehen.[356] Ebenso sollte die Aufmerksamkeit auf den bei fast allen Instrumenten nachgewiesenen Einfluss der subjektiven Norm gerichtet werden. Der Kunde hat nicht nur das Gefühl, das Richtige zu tun, da er aufgrund der Nutzung eines MMI von seinem sozialen Umfeld akzeptiert wird, sondern er wird sogar dazu ermutigt. Dies impliziert für die Praxis, dass v.a. auch die gesellschaftliche Akzeptanz bzw. positive Meinung zu mobilem Marketing gestärkt werden muss. Zuletzt konnten einige Studien nachweisen, dass v.a. auch das (wahrgenommene)

---

[351] Vgl. Koivumäki, Ristola, Kesti (2006), S. 431.
[352] Vgl. Lee, Jun, (2007b), S. 351.
[353] Vgl. Bauer et al. (2005), S. 189.
[354] Vgl. Bauer et al. (2007), S. 466.
[355] Vgl. Carroll, Barnes, Scornavacca (2005), o.S.
[356] Vgl. Bhatti (2007), S. 11.

Vergnügen eine wichtige Rolle bei der Akzeptanz spielt, sodass ein Mehrwert allein dadurch generiert werden kann, dass der Kunde Spaß hat und sich unterhalten fühlt.[357] In diesem Zusammenhang darf nicht ignoriert werden, dass mobiles Marketing noch als Innovation gilt, welche „trendig" ist, weshalb den tatsächlichen Nutzern der Eindruck vermittelt werden sollte, „in" zu sein.[358] Unabhängig vom verwendeten Instrument sollte ein Unternehmen außerdem stets berücksichtigen, wer angesprochen wird. Da die Möglichkeit der Personalisierung nirgendwo so ausgeprägt ist wie im mobilen Marketing, gilt es zu beachten, welches Geschlecht die Person aufweist,[359] in welchem Alter sich die / der Beworbene befindet[360] etc.

Nach dieser ausführlichen Analyse zu Akzeptanzstudien von MMI, soll die Arbeit im Folgenden mit einer zusammenfassenden Betrachtung aller erarbeiteten und dargestellten Ergebnisse abgeschlossen werden. Weiterhin lassen sich einige künftige Trends und Entwicklungen für das mCRM offenlegen.

7. Schlussbetrachtung

In den Ausführungen der vorliegenden Arbeit wird deutlich, dass MMI ein sehr hohes Potenzial für ein effektiveres und effizienteres Kundenmanagement besitzen, welches je nach Unterprozess detaillierter aufzuschlüsseln ist. Die dargelegten Praxisbeispiele unterstreichen die dazugehörigen Annahmen und veranschaulichen so den Nutzen der mobilen Aktivität. Dabei besitzen die verschiedenen MMI in den differenzierten Kundenmanagement-Prozessen unterschiedliches Erfolgspotenzial. So verfolgen MMI in der Kundenannäherung v.a. kunden- und informationswirtschaftliche Ziele, im Prozess der Kundengewinnung stehen v.a. absatzpolitische Ziele im Vordergrund. MMI, welche bei der Kundenpflege Anwendung finden, setzen v.a. auf Effizienzaspekte, auch wenn diese nicht immer offenkundig werden, sondern eher abgeleitet werden müssen. Auf der anderen Seite muss festgehalten werden, dass der Erfolg nicht selbstverständlich ist und eine Reihe von Faktoren Einfluss darauf haben. Dabei stehen nicht nur Kostenaspekte oder Technologien

---

[357] Vgl. Song, Koo, Kim (2004), S. 27.
[358] Vgl. Nysveen, Pedersen, Thorbjørnsen (2005), S. 343.
[359] Vgl. Okazaki (2007), S. 906.
[360] Vgl. Pagani (2004), S. 58.

im Vordergrund, sondern v.a. die Nutzungsabsicht bzw. Endkundenakzeptanz der Maßnahmen. Dazu wurde eine Studienanalyse aller bisherigen wissenschaftlichen Untersuchungen durchgeführt, welche dazu dient, die einzelnen Erfolgsfaktoren je Kundenmanagement-Prozess zu identifizieren – v.a. im Hinblick auf die unterstellte Annahme, dass es dabei Unterschiede geben würde.

Beim Einsatz der Instrumente lässt sich prognostizieren, dass v.a. Maßnahmen bei der Kundengewinnung an Relevanz gewinnen. So fand eine Befragung heraus, dass v.a. mobile Banking, Shopping, Entertainment, Informationsservices etc. vermehrt genutzt werden.[361] Einigkeit herrscht darüber, dass Location Based Services aufgrund der Personalisierungsmöglichkeiten Zukunftspotenzial besitzen und daher auch die Sensitivität des Kontextes eine enorme Rolle spielt (s. Kap. 2.4 und Kap. 5.1).[362] Außerdem wird die Einbindung des Kunden immer wichtiger werden, welche sich v.a. in der Interaktion und den user generated contents wiederfinden wird.[363] Weiterhin werden sich die argumentierten Anforderungen, wie z.B. einfache und intuitive Bedienbarkeit, höhere Sicherheit, sinkende Kosten etc. positiv auf die Akzeptanz auswirken.[364] Es darf nie ignoriert werden, dass dem Kunden ein Mehrwert bzw. Nutzen durch das MMI entstehen muss, da er andernfalls nicht gewillt sein wird, seine Privatsphäre in Form seines mobilen Endgerätes aufzugeben bzw. kann die Verärgerung über ein MMI Reaktanz hervorrufen, welche ggf. nicht wieder gutzumachen ist, womit der Konsument dem Unternehmen als Kunde verloren geht und damit entsprechend die Zielsetzung des mCRM, mittels MMI den Kunden langfristig zu binden, komplett verfehlt wird. Außerdem erscheinen aufgrund der bereits angesprochenen Dynamik des Marktes und den in Kapitel 6.6 genannten Gründen weitere Analysen zur Nutzungsabsicht und Akzeptanz von MMI sinnvoll.

Bei den künftigen Entwicklungen des mobilen Marketing ist kein eindeutiger Trend bzw. kein allgemeingültiges Erfolgsrezept zu erkennen. Unbestritten scheint jedoch die weitere Ausbreitung zu sein. So sollen die weltweiten Ausgaben von heute ca. ein bis zwei Milliarden Euro auf 14,4 Mrd. Euro bis 2011 verzehnfacht werden.[365] Obwohl die Verschmelzung von Medien (z.B. TV und Internet), mobilen Endgeräten,

---

[361] Vgl. Vrechopolous et al. (2003), S. 336.
[362] Vgl. Schäfer (2006), S. 113 und S. 117.
[363] Vgl. Birkel, Kraus (2008), S. 30.
[364] Vgl. Steimel, Paulke, Klemann (2008), S. 15, S. 113 und S. 115.
[365] Vgl. Schobelt (2007), S, 9.

Übertragungswegen etc. vorhergesagt wird (s. Kap. 2.2.3),[366] gilt es immer zu beachten, dass die Kompatibilität gewährleistet ist und somit alle Services etc. für alle nutzbar gemacht werden.[367] Dabei werden technologische Entwicklungen einen positiven Beitrag leisten.[368]

Im Hinblick auf das Kundenmanagement gilt es zuletzt, die Aggregation der Informationen noch bewusster voranzutreiben, sodass das Wissen über den Kunden stetig steigt. Auf diese Weise können ebenso Trends erkannt und beachtet werden, wovon gerade das zukunftsträchtige mobile Marketing lebt.[369] Neue Möglichkeiten wie z.B. Altersverifikation, Window-Shopping etc. (s. Kap. 4.3.2) werden sich immer weiter etablieren.[370] So kann das Handy als eine Art „Fernbedienung" angesehen werden, welches an zahlreichen Berührungspunkten die materielle und virtuelle Welt miteinander verbindet.[371] Wenn auf diese Weise das mobile Endgerät zum wesentlichen Bestandteil des täglichen Lebens und zur Schnittstelle zwischen Unternehmen und Endkunde wird,[372] wird mobiles Marketing nicht mehr explizit, sondern als Selbstverständlichkeit wahrgenommen werden.

---

[366] Vgl. o.V. (2007d), S. 65.
[367] Vgl. Hsieh, Jones, Lin (2008), S. 453.
[368] Vgl. Eberspächer (2007), S. 6.
[369] Vgl. Piller, Müller (2007), S. 530.
[370] Vgl. Horster (2007), S. 134.
[371] Vgl. Steimel, Paulke, Klemann (2008), S. 113.
[372] Vgl. Steimel, Paulke, Klemann (2008), S. 15.

Literaturverzeichnis

Ajzen, I. (1985): From intentions to actions: A theory of planned behavior, in: Kuhl, J.; Beckmann, J. (Hrsg.): Action control: From cognition to behavior, New York 1985, S. 11-39.

Amberg, M.; Hirschmeier, M.; Wehrmann, J. (2004): The Compass Acceptance Model for the analysis of mobile services, in: International Journal of Mobile Communications, Vol. 2, No. 3 2004, S. 248-259.

Aschmoneit, P. (2004): Mobile Services für das Beziehungsmarketing – Grundlagen, Einsatzpotenziale, Design (Diss.), Bamberg 2004.

Barmscheidt, D. (2008): Zielgruppen und Content im Mobile Business: Das Beispiel BILD, Vortrag, gehalten auf der WiGIM-Jahrestagung 2008: Mobilität und Marketing – Wie und warum das Marketing mobil wird, Wissenschaftliche Gesellschaft für Innovatives Marketing e.V., Nürnberg 09.10.2008.

Barnes, S. J.; Scornavacca, E. (2004): Mobile marketing: the role of permission and acceptance, in: International Journal of Mobile Communications, Vol. 2, No. 2 2004, S. 128-139.

Bauer, H. H. et al. (2005): Driving consumer acceptance of mobile marketing: a theoretical framework and empirical study, in: Journal of Electronic Commerce Research, Vol. 6, No. 3 2005, S.181-192.

Bauer, H. H. et al. (2007): Utility-based design of mobile ticketing applications – a conjoint-analytical approach, in: International Journal of Mobile Communications, Vol. 5, No. 4 2007, S. 457-473.

Bauer, H. H.; Hammerschmidt, M.; Donnevert, T. (2007): Effektivität und Effizienz im interaktiven Marketing – Die Integration von Kundennutzen- und Kundenwertsegmentierung im Internet, in: Zeitschrift für Betriebswirtschaft, 03/2007, S. 55-81.

Beck, I.; Ivens, B.S. (2006): Erfolgsfaktoren und Barrieren bei der CRM-Implementierung: Eine Meta-Analyse empirischer Studien, in: Arbeitspapier Nr. 142; Lehrstuhl für Marketing, Uni Erlangen-Nürnberg, Nürnberg 2006.

Bhatti, T. (2007): Exploring factors influencing the Adoption of Mobile Commerce, in: Journal of Internet Banking & Commerce, Vol. 12, No. 3 2007, S. 1-13.

Bina, M.; Karaiskos, D. C.; Giaglis, G. M. (2008): Insights on the drivers and inhibitors of Mobile Data Services uptake, in: International Journal of Mobile Communications, Vol. 6, No. 3 2008, S. 296-308.

Birkel, M. (2007): Mobile Lifestyle: Das Herz des Kunden gewinnen, in Schwarz, T. (Hrsg.): Leitfaden Online-Marketing, Waghäusel 2007, S. 481-485.

Birkel, M.; Kraus, D. (2008): Mobile Direct Response Marketing – Von der Text to Win SMS im Jahr 2000 zum „Branded Mobile Entertainment" 2010, in: Bundesverband Digitale Wirtschaft (Hrsg.): Mobile Kompass 2008 – Das erste Kompendium der deutschen Mobile Branche, Düsseldorf 2008, S. 26-31.

Brand, A.; Bonjer, M. (2002): Mobiles Marketing im Kommunikationsmix innovativer Kampagnenplanung, in: Reichwald, R. (Hrsg.): Mobile Kommunikation – Wertschöpfung, Technologien, neue Dienste, Wiesbaden 2002, S. 289-300.

Brechtel, D. (2007): Showroom für die Tasche - beim Mobile Marketing spielen Automobilhersteller eine Vorreiterrolle, in: Horizont Nr. 14, 05.04.2007, S.54.

Carroll, A.; Barnes, S. J.; Scornavacca, E. (2005): Consumers Perceptions and Attitudes towards SMS Mobile Marketing in New Zealand, in: Brookes, W. et al. (Hrsg.): Fourth International Conference on Mobile Business (mBusiness), 11.07.2005, Sydney 2005, o.S.

Chen, L.-D. (2008): A model of consumer acceptance of mobile payment, in: International Journal of Mobile Communications, Vol. 6, No. 1 2008, S. 32-52.

Clemens, T. (2003): Mobile Marketing - Grundlagen, Rahmenbedingungen und Praxis des Dialogmarketings über das Mobiltelefon, Düsseldorf 2003.

Cole, T. (2007): Die digitale Identität macht alle zu Gewinnern, in: Schwarz, T. (Hrsg.): Leitfaden Online Marketing - Das kompakte Wissen der Branche, Waghäusel 2007, S. 521-534.

Davis, F. D. (1989): Perceived usefulness, perceived ease of use, and user acceptance in information technology, in: MIS Quarterly, Vol. 13, No. 3 1989, S. 319-340.

Derkum, A; Heid, M. (2004): Akzeptanzstudie zum HändyTicket von SWB & Teltix, Köln 2004, S. 1-12.

Diller, H. (2001): Die Erfolgsaussichten des Beziehungsmarketing im Internet, in: Eggert, A.; Fassott, G. (Hrsg.): Electronic Customer Relationship Management, Stuttgart 2001, S. 65-85.

Diller, H. (2001): Kundenlebenszyklus, in: Diller, H. (Hrsg.): Vahlens Großes Marketinglexikon, 2. völlig überarb. und erw. Aufl., München 2001, S. 865-866.

Diller, H. (2002): Grundprinzipien des Marketing, Nürnberg 2002.

Diller, H. (2007): Grundprinzipien des Marketing, 2. überarb. Und erw. Aufl., Nürnberg 2007.

Diller, H. (2008): Mobilitätsdynamik und Mobiltechnologien als Herausforderung des Marketing, Vortrag, gehalten auf der WiGIM-Jahrestagung 2008: Mobilität und Marketing – Wie und warum das Marketing mobil wird, Wissenschaftliche Gesellschaft für Innovatives Marketing e.V., Nürnberg 09.10.2008.

Diller, H.; Haas, A.; Ivens, B. (2005): Verkauf und Kundenmanagement – Eine prozessorientierte Konzeption, in: Diller, H.; Köhler, R. (Hrsg.), Stuttgart 2005.

Dufft, N.; Wichmann, T. (2003): Basisreport Mobile Marketing - Einsatz, Erfolgsfaktoren, Dienstleister, in: Berlecon Research - information, technology, economics, Berlin 2003.

Dyballa, M.; Kruschwitz, R. (2005): UMTS und die Adoption mobiler Datendienste, in: Giordano, M.; Hummel, J. (Hrsg): Mobile Business. Vom Geschäftsmodell zum Geschäftserfolg, Wiesbaden 2005, S. 341-375.

Eberspächer, J. (2007): Das mobile Internet, die zweite Welle der mobilen Kommunikation, in: Eberspächer, J.; Speidel, J. (Hrsg.): Wachstumsimpulse durch mobile Kommunikation, Heidelberg 2007, S. 1-6.

Fösken, S. (2008): Mobile Marketing: Es kommt auf die Idee an, in: Absatzwirtschaft 01/2008, S. 86-89.

Fraunholz, B.; Unnithan, Ch. (2004): Critical success factors in mobile communications: a comparative roadmap for Germany and India, in: International Journal of Mobile Communications, Vol. 2, No. 1 2004, S. 87-101.

Gerpott, T. J. (2002): Wettbewerbsstrategische Positionierung von Mobilfunktnetzbetreibern im Mobile Business, in: Silberer, G.; Wohlfahrt, J.; Wilhelm, T. (Hrsg.): Mobile Commerce - Grundlagen, Geschäftsmodelle, Erfolgsfaktoren, Wiesbaden 2002, S. 45-65.

Giordano, M.; Hummel, H. (2005): Vorwort, in: Giordano, M.; Hummel, H. (Hrsg.): Vom Geschäftsmodell zum Geschäftserfolg – mit Fallbeispielen zu Mobile Marketing, mobilen Portalen und Content-Anbietern, Wiesbaden 2005.

Graumann, S. et al. (2007): Monitoring Informations- und Kommunikationswirtschaft, in: 10. Faktenbericht 2007 – Eine Sekundärstudie der TNS Infratest Forschung GmbH im Auftrag des Bundesministerium für Wirtschaft und Technologie, München / Berlin 2007.

Hampe, F.; Schwabe, G. (2002): Mobiles Customer Relationship Management, in: Reichwald, R. (Hrsg.): Mobile Kommunikation - Wertschöpfung, Technologien, neue Dienste, Wiesbaden 2002, S. 301-316.

Han et al. (2006): Physicians' acceptance of mobile communication technology: an exploratory study, in: International Journal of Mobile Communications, Vol. 4, No. 2 2006, S. 210-230.

Hanley, M.; Becker, M. (2008): Cell Phone Usage and Advertising Acceptance among College Students: a four-year analysis, in: International Journal of Mobile Marketing, Vol. 3 No. 1, 2008, S. 67-80.

Hanley, M.; Becker, M.; Martinsen, J. (2005): Factors Influencing Mobile Advertising Acceptance: Will Incentives Motivate College Students to Accept Mobile Advertisements?, in: International Journal of Mobile Marketing, Vol. 1, No.1 2006, S. 50-58.

Hein, D. (2007): Mobile Marketing wird flügge, in: Horizont Nr. 34, 23.08.2007, S. 30.

Heinonen, K.; Strandvik, T. (2007): Consumer responsiveness to mobile marketing, in: International Journal of Mobile Communications, Vol. 5, No. 6 2007, S. 603-617.

Hermes, V. (2008): Gute Fahrt mit HVV - Kundendialog nicht nur Lippenbekenntnis, in: Direkt Marketing 02/2008, S. 32.

Heurung, S. (2008); Rechtliche Grenzen elektronischer Post, in: Direkt Marketing 05/2008, S. 64-67.

Hinrichs, Ch.; Lippert, I. (2002): Kosten und Wirkungen mobiler Werbung, in: Silberer, G.; Wohlfahrt, J.; Wilhelm, T. (Hrsg.): Mobile Commerce - Grundlagen, Geschäftsmodelle, Erfolgsfaktoren, Wiesbaden 2002, S. 265-278.

Hippner, H. et al. (2005): Das operative CRM im mobilen Internet, in: Haas, H.; Albers, S. (Hrsg.): Innovatives Marketing – Entscheidungsfelder, Management, Instrumente, Wiesbaden 2005, S. 401-420.

Hippner, H.; Martin, S.; Wilde K. D. (2002): Customer Relationship Management: Strategie und Realisierung, in: Hippner, H.; Wilde, K. D. (Hrsg.): CRM 2002 – So binden Sie Ihre Kunden, Düsseldorf 2002, S. 9-41.

Hippner, H.; Wilde, K. D. (2004): Grundlagen des CRM: Konzepte und Gestaltung, Wiesbaden 2004.

Horster, B. (2007): Bezahl's doch mit dem Handy! – Chancen, Herausforderungen und Möglichkeiten von M-Payment, in: Eberspächer, J.; Speidel, J. (Hrsg.): Wachstumsimpulse durch mobile Kommunikation, Heidelberg 2007, S. 129-139.

Hsieh, Ch.-T.; Jones, Ch.; Lin, B. (2008): New business potential with mobile commerce, in: International Journal of Mobile Communications, Vol. 6, No. 4 2008, S. 436-455.

Hsu, H.-H.; Lu, H.-P.; Hsu, Ch.-L. (2008): Mobile Messaging Service Acceptance of pre- and post-adopters: a sociotechnical perspective, in: International Journal of Mobile Communications, Vol. 6, No. 5 2008, S. 598-615.

Islam, N.; Fayad, M. (2003): Toward Ubiquitous Acceptance of Ubiquitous Computing, in: Communications of the ACM, Vol. 47, No. 2 2003, S. 89-91.

Janke, K. (2007): Frische Argumente für das Handy – Mobile Marketing, in: Horizont Nr. 49, 06.12.2007, S. 17f.

Jenkins, F. (2006): Mobile Marketing, in: Young Consumers, 01/2006, S. 60-63.

Junglas, I. (2007): On the usefulness and ease of use of location-based services: insights into the information system innovator's dilemma, in: International Journal of Mobile Communications, Vol. 5, No. 4 2007, S. 389-408.

Kaeding, N. (2002): Mobile Business und Datenschutz, in: Reichwald, R. (Hrsg.): Mobile Kommunikation - Wertschöpfung, Technologien, neue Dienste, Wiesbaden 2002, S. 193-204.

Kirch, S. (2008): Jetzt wird das Handy zum Lesegerät – die nächste Barcodegeneration für Mobile Marketing, in: Absatzwirtschaft 02/2008, S. 52-53.

Köhler, O. (2008): Mobile Dienste für Kunden und Mitarbeiter bei der Lufthansa, Vortrag, gehalten auf der WiGIM-Jahrestagung 2008: Mobilität und Marketing – Wie und warum das Marketing mobil wird, Wissenschaftliche Gesellschaft für Innovatives Marketing e.V., Nürnberg 09.10.2008.

Koivumäki, T.; Ristola, A.; Kesti, M. (2006): Predicting consumer acceptance in mobile services: empirical evidence from an experimental end user environment, in: International Journal of Mobile Communications, Vol. 4, No. 4 2006, S. 418-435.

Kölmel, B.; Hubschneider, M. (o.J.): Nutzenerwartungen an Location Based Services – Ergebnisse einer empirischen Analyse, URL: http://www.e-lba.com/YellowMap%20AG_Nutzererwartungen%20an %20Location%20Based%20Services.pdf, 25.05.2008.

Küllenberg, B. (2007): Mobile Marketing, in: Schwarz, T. (Hrsg.): Leitfaden Online Marketing - Das kompakte Wissen der Branche, Waghäusel 2007, S. S. 486-495.

Kurkovsky, S.; Harihar, K. (2005): Using ubiquitous computing in interactive mobile marketing, in: Personal and Ubiquitous Computing, Vol. 10, No. 4 2006, S. 227-240.

Lahm, S. (2008): Mobile Marketing bleibt mobil, in: Extradienst Nr. 01/08, 08.02.2008, S. 318-319.

Langner, S. (2007): Viral Marketing, in: Schwarz, T. (Hrsg.): Leitfaden Online Marketing - Das kompakte Wissen der Branche, Waghäusel 2007, S. S. 659-671.

Lee, M. K. O.; Cheung, Ch. M. K.; Chen, Z. (2006): Understanding User Acceptance of Multimedia Messaging Services: An Empirical Study, in: Journal of the American Society for Information Science and Technology, Vol. 58, No. 13 2007, S. 2066-2077.

Lee, T.M.; Jun, J.K. (2007a): Contextual perceived value? Investigating the role of contextual marketing for customer relationship management in a mobile commerce context, in: Business Process Management Journal, Vol. 13, No. 6 2007, S. 798-814.

Lee, T.M.; Jun, J.K. (2007b): The role of contextual marketing offer in Mobile Commerce acceptance: comparison between Mobile Commerce users and nonusers, in: International Journal of Mobile Communications, Vol. 5, No. 1 2007, S. 339-356.

Leitner, W. (2007): Mobile Ticketing, in: Eberspächer, J.; Speidel, J. (Hrsg.): Wachstumsimpulse durch mobile Kommunikation, Heidelberg 2007, S. 103-111.

Link, J.; Schmidt, S. (2002): Erfolgsplanung und -kontrolle im Mobile Commerce, in: Silberer, G.; Wohlfahrt, J.; Wilhelm, T. (Hrsg.): Mobile Commerce - Grundlagen, Geschäftsmodelle, Erfolgsfaktoren, Wiesbaden 2002, S. 131-152.

Lu, L. et al. (2007): Determinants of accepting wireless mobile data services in China, in: Information & Management, Vol. 45, No. 1 2008, S. 52-64.

Massoud, S.; Gupta, O. K. (2003): Consumer perception and attitude toward mobile communication, in: International Journal of Mobile Communications, Vol. 1, No. 4 2003, S. 390-408.

"meinolf67" (2008): Yoc AG – Mobile Marketing, URL: http://www. Wall street-online.de/diskussion/1134900-neustebeitraege/yoc-ag-mobile-marketing, 27.08.2008.

Melter, D.; Sonntag, R. (2005): Funktionierende Geschäftsmodelle im Bereich von mobilen Multimedia-Diensten, in: Giordano, M.; Hummel, J. (Hrsg): Mobile Business. Vom Geschäftsmodell zum Geschäftserfolg, Wiesbaden 2005. S. 36-50.

Merisavo, M. et al. (2005): An Empirical Study of the Drivers of Customer Acceptance of Mobile Advertising, in: Journal of Interactive Advertising, Vol. 7, No. 2 2007, www.jiad.org, o.S.

Mezger, M. (2006): SMS-Nachricht öffnet die Türen der Schweizer IT-Messe – Mobile Eintrittskarten bieten Unternehmen auch Mehrwert im Bereich Marketing, in: Computer Zeitung Nr. 29 2006, S. 23.

Mital, M. (2008): An empirical analysis of factors influencing customer responsiveness to mobile advertising, in: Database Marketing & Customer Strategy Management, Vol. 15, No. 2 2008, S. 119-125.

Möhlenbruch, D.; Schmieder, U.-M. (2002): Mobile Marketing als Schlüsselgröße für Multi-Channel Commerce, in: Silberer, G.; Wohlfahrt, J.; Wilhelm, T. (Hrsg.): Mobile Commerce - Grundlagen, Geschäftsmodelle, Erfolgsfaktoren, Wiesbaden 2002, S. 67-89.

Muhl, H. (2008): Mobile Marketing: Status quo, Erfolgsfaktoren, Strategien und Trends, Vortrag, gehalten auf der WiGIM-Jahrestagung 2008: Mobilität und Marketing – Wie und warum das Marketing mobil wird, Wissenschaftliche Gesellschaft für Innovatives Marketing e.V., Nürnberg 09.10.2008.

Müller-Lankenau, C. (2004): Qualitätsorientierte Analyse von Multikanalsystemen - neue Herausforderungen an die Web-Evaluation, in: Meffert, H.; Backhaus, K.; Becker, J. (Hrsg.): Multi-Channel-Strategien - Was bringen Mehrkanalstrategien?. Wissenschaftliche Gesellschaft für Marketing und Unternehmensführung e.V., Dokumentationspapier Nr. 171, Dokumentation des Workshops vom 24. November 2003, Münster 2004, S. 44-53.

Nysveen, H.; Pedersen, P. E.; Thorbjørnsen, H. (2005): Intentions to Use Mobile Services: Antecedants and Cross-Service Comparisons, in: Journal of the Academy of Marketing Science, Vol. 33, No. 3 2005, S. 330-346.

Okazaki, S. (2007): Exploring Gender Effects in a Mobile Advertising Context: On the evaluation of Trust, Attitudes, and Recall, in: Sex Roles – A Journal of Research, Vol. 57, No. 11/12 2007, S.897-908.

Pagani, M. (2004): Determinants of Adoption of Third Generation Mobile Multimedia Services, in: Journal of Interactive Marketing, Vol. 18, No. 3 2004, S. 46-59.

Pedersen, P. E. (2005): Adoption of Mobile Internet Services: An Exploratory Study of Mobile Commerce Early Adopters, in: Journal of Organizational Computing and Electronic Commerce, Vol. 15, No. 2 2005, S. 203-222.

Piller, F. T.; Müller, M. (2007): Personalisierte Angebote stärken die Kundenbeziehung, in: Schwarz, T. (Hrsg.): Leitfaden Online-Marketing – Das kompakte Wissen der Branche, Waghäusel 2007, S. 527-534.

o.V. (2000): Mobile Commerce – Winning the in-air consumer, in: Strategy Paper – The Boston Consulting Group, 11/2000.

o.V. (2001): 55.000 Wella-Küsse per SMS, in: Direkt Marketing, 12/2001, S. 21.

o.V. (2006a): Die Zukunft von Mobile Voice - Vier Ansatzpunkte zur Steigerung mobiler Sprachumsätze, URL: http://www.deloitte.com/dtt/cda/doc/content/de_TMT_Zukunft_MV_061206(1).pdf, 27.07.2008.

o.V. (2006b): Mobile Marketing – Eine Befragung der Dialego AG, URL: http://www2.dialego.de/uploads/media/061030_DD_Mobile_Marketing_01.pdf; 19.06.2008.

o.V. (2007a): Mobile Advertising - making money from the fourth screen, URL: http://www.detecon.com/en/publications/studies/download_study.html?unique_id=17287, 09.07.2008.

o.V. (2007b): Bitte nicht weitererzählen, in: Horizont, Nr. 48, 30.11.2007, S. 26.

o.V. (2007c): Sportliche italienische Mobilität, in Horizont, Nr. 22, 01.06.2007, S. 22

o.V. (2007d): Verschmelzung der Medien, in: Media & Marketing, No. 5 2007, S. 65.

o.V. (2008a): Marketing im multimedialen Showroom, in: Direkt Marketing, 02/2008, S. 8.

o.V. (2008b): URL: www.12snap.de, 27.08.2008.

o.V. (2008c): URL: www.mindmatics.de, 27.08.2008.

o.V. (2008d): URL: www.yoc.de, 27.08.2008.

o.V. (2008e): Barcode, URL: http://www.itwissen.info/definition/lexikon/quick-response-QR-QR-Code.html, 29.08.2008.

o.V. (2008f): URL: http://www.global-press.de/glphome/artikelsuche.aspx?suche= dotMobi, 27.09.2008.

o.V. (2008g): Mobile Bordkarte, in: Direkt Marketing, 06/2008, S. 66.

o.V. (2008h): Ratgeber: Bluetooth im Griff, URL: http://www.pcwelt.de/start/dsl_voip /online/praxis/38325/bluetooth_im_griff/index4.html, 26.10.2008.

o.V. (2008i): Leben ohne Handy? Geht nicht mehr... - Umfrage: Neun von zehn Nutzern sehen Mobiltelefon und E-Mail als unverzichtbar an, in: Augsburger Allgemeine, 12.09.2008, S. 1.

o.V. (2008j): RFID, in: URL: http://www.itwissen.info/definition/lexikon/RFID-Ueber tragung-RFID-transmission.html, 16.09.2008.

o.V. (2008k): Anbieterverzeichnis, in: Bundesverband Digitale Wirtschaft (Hrsg.): Mobile Kompass 2008 – Das erste Kompendium der deutschen Mobile Branche, Düsseldorf 2008, S. 54-96.

o.V. (2008l): Subjektive Norm, URL: www.wirtschaftslexikon24.net, 14.10.2008.

o.V. (2008m): Schon zehn Millionen nutzen mobiles Internet, in: in: Augsburger Allgemeine, 17.10.2008, o.S.

o.V. (2008n): Porto Direkt, URL: www.porto-direkt.de, 17.10.2008.

o.V. (2008o): Micropayment, http://www.wirtschaftslexikon24.net/d/micropayment/ micropayment.htm, 24.10.2008.

o.V. (2008p): Gartner Hype Cycle 2007, URL: http://www.wortgefecht.net/markt forschung/gartner-hype-cycle-2007/, 26.10.2008.

o.V. (2008q):Hype Cycle for Emerging Technologies 2007, URL: http://www.computerwoche.de/_misc/img/detailoriginal.cfm?pk=464930&fk=597986&id=d2e71-media, 26.10.2008.

o.V. (2008r): UMTS – Eine Einführung, URL: http://www.umts-report.de/umts-einfuehrung.php, 28.10.2008.

o.V. (2008s): Keine Ortung unter dieser Nummer – Kabinett verbessert Schutz vor heimlicher Handy-Ortung, URL: http://www.tagesschau.de/inland/handy118.html, 29.10.2008.

Oswald, A.; Tauchner, G. (2005): Mobile Marketing – Wie Sie Kunden direkt erreichen – Instrumente – Ausstattung – Kosten – Kampagnenbeispiele – rechtliche Rahmenbedingungen, Wien 2005.

Peymani, B. (2007): Werbebotschaften haben die SMS-Ebene verlassen und stürmen die WAP-Portale, in: Horizont Nr. 18, 04.05.2007, S. 52.

Picot, A.; Neuburger, R. (2002): Mobile Business - Erfolgsfaktoren und Voraussetzungen, in: Reichwald, R. (Hrsg.): Mobile Kommunikation – Wertschöpfung, Technologien, neue Dienste, Wiesbaden 2002, S. 55-67.

Pousttchi, K. (2005): Mobile Payment in Deutschland – Szenarienübergreifendes Referenzmodell für mobile Bezahlvorgänge (Diss.), Wiesbaden 2005.

Rao, B.; Parikh, M. A. (2003): Wireless Broadband Networks: The U.S. Experience, in: International Journal of Electronic Commerce, Vol. 8, Nr. 1 2003, S. 37-53.

Reichardt, T. (2008): Mobile Commerce bei Quelle.de, Vortrag, gehalten auf der WiGIM-Jahrestagung 2008: Mobilität und Marketing – Wie und warum das Marketing mobil wird, Wissenschaftliche Gesellschaft für Innovatives Marketing e.V., Nürnberg 09.10.2008.

Reinartz, W.; Krafft, M.; Hoyer, W. D. (2004): The Customer Relationship Management Process: Its Measurement and Impact on Performance, in: Journal of Marketing Research, Vol. XLI 2004, S. 293-305.

Rohm, A. J.; Sultan, F. (2006): An Exploratory Cross-Market Study of Mobile Marketing Acceptance, in: International Journal of Mobile Marketing, Vol. 1, No.1 2006, S. 4-12.

Schäfer, A. D. (2005): Mobile Marketing im Media-Mix, in: Giordano, M.; Hummel, J. (Hrsg): Mobile Business. Vom Geschäftsmodell zum Geschäftserfolg, Wiesbaden 2005, S. 393-408.

Schäfer, B. (2006): Permission Marketing - Erfolgsfaktoren, Instrumente und Praxis des elektronischen Direktmarketings, Saarbrücken 2006.

Schäfer, R. (2008): Mobile E-Mail Marketing - Analyse der Endgeräte und Praxisempfehlungen, URL: http://www.elaine.de/studie, 17.06.2008.

Scharl, A.; Dickinger, A.; Murphy, J. (2004): Diffusion and success factors of mobile marketing, in: Electronic Commerce Research and Applications, No. 4 2005, S.159-173.

Schenk, M.; Dahm, H.; Šonje, D. (1996): Innovationen im Kommunikationssystem – Eine empirische Studie zur Diffusion von Datenfernübertragung im Mobilfunk, in: Schenk, M.; Neibecker, B. (Hrsg.): Markt, Kommunikation, Innovation (MKI), Münster 1996, Band 1.

Schierholz, R. (2007): Mobile Kundeninteraktion bei Dienstleistungsunternehmen (Diss.), Berlin 2007.

Schierholz, R.; Kolbe, L. M.; Brenner, W. (2007): Mobilizing Customer Relationship Management, in: Business Process Management Journal, Vol. 13, No. 6 2007, S. 830-852.

Schneider, D.; Gerbert, P. (1999): E-Shopping - Erfolgsstrategien im electronic commerce; Marken schaffen, Shops gestalten, Kunden binden, Wiesbaden 1999.

Schobelt, F. (2007): Reichweitenmessung Mobile Marketing vor dem Höhenflug, in: media & marketing Nr. 10, 04.10.2007, S. 9.

Schreiber, G.-A. (2000): Schlüsseltechnologie Mobilkommunikation - mCommerce - das Handy öffnet neue Märkte, Köln 2000.

Schubert, P.; Selz, D.; Haertsch, P. (2002): Digital erfolgreich – Fallstudien zu strategischen E-Business Konzepten, 2. Aufl., Berlin 2002.

Schwarz, T. (2007): Permission Marketing, in: Schwarz, T. (Hrsg.): Leitfaden Online Marketing - Das kompakte Wissen der Branche, Waghäusel 2007, S. 423-429.

Schwarz, T. (2008): Permission Marketing im Spannungsfeld zwischen Nutzenstiftung und Datenschutz, Vortrag, gehalten auf der WiGIM-Jahrestagung 2008: Mobilität und Marketing – Wie und warum das Marketing mobil wird, Wissenschaftliche Gesellschaft für Innovatives Marketing e.V., Nürnberg 09.10.2008.

Schwarze, J.; Schwarze, S. (2002): Electronic Commerce - Grundlagen und praktische Umsetzung, Herne (u.a.) 2002.

Scornavacca, E.; McKenzie, J. (2007): Unveiling managers' perceptions of the critical success factors for SMS based campaigns, in: International Journal of Mobile Communications, Vol. 5, No. 4 2007, S. 445-456.

Seiler, M. (2005): Mobile Marketing – eine Übersicht, in: Giordano, M.; Hummel, J. (Hrsg): Mobile Business. Vom Geschäftsmodell zum Geschäftserfolg, Wiesbaden 2005, S. 373-392.

Sharma, Ch.; Herzog, J.; Melfi, V. (2008): A five-points measurement framework for mobile advertising, in: International Journal of Mobile Marketing, Vol. 3, No. 1 2008, S. 4-11.

Sieben, F. G. (o.J.): Customer Relationship Management - Die gezielte Selektion und Kontaktierung von Kunden als Erfolgsfaktor eines CRM, URL: www.competence-site.de/crm.nsf/FA4CF153168B2 329C1256B7A002E44E5/$File/crm_prof_homburg_und_partner.pdf; 14.06.08.

Silberer, G. (2003): Grundlagen und Potenziale der mobilfunkbasierten Kundenbeziehungspflege (mobile eCRM), in: Beitrag zur Marketingwissenschaft, Nr. 43, Göttingen 2003.

Silberer, G.; Schulz, S. (2007): Mobile Customer Relationship Management (mCRM), in: Beitrag zur Marketingwissenschaft, Nr. 58, Göttingen 2007.

Silberer, G.; Wohlfahrt, J.; Wilhelm, H. (2001): Beziehungsmanagement im Mobile Commerce, URL: http://www.competence-site.de/crm.nsf/ 0D0877F9B690C94FC1256AC60031E85E/$File/ecrm_silberer.pdf, 23.07.2008, S. 214-227.

Smith, A. D. (2007): Mobile technology and communications: exploring aspects of Customer Relationship Management, in: International Journal of Mobile Communications, Vol. 5, No. 6 2007, S. 618-645.

Steimel, B.; Paulke, S.; Klemann, J. (2008): Praxisleitfaden Mobile Marketing – Status Quo, Erfolgsfaktoren, Strategien & Trends, in: Absatzwirtschaft, Meerbusch 2008.

Strauß, R. (2001): Customer Relationship Management (CRM), in: Diller, H. (Hrsg.): Vahlens Großes Marketing Lexikon, 2. Aufl., München 2001, S. 249-251.

Thommes, J. (2006): Auf der Startrampe. Die Verknüpfung von Außenwerbung und Mobile Marketing birgt Potenzial, in: Horizont Nr. 40, 06.10.2006, S. 72.

Thunig, Ch. (2007): Von wegen jung und trendy, in: Absatzwirtschaft 11/2007, S. 92-93.

Tsai, J. (2008): The moving target, in: Customer Relationship Management, 05/2008, S. 22-26.

Urchs, O.; Körner, A. (2007): Mundpropaganda Marketing, in: Schwarz, T. (Hrsg.): Leitfaden Online Marketing - Das kompakte Wissen der Branche, Waghäusel 2007, S. 673-680.

Vahldiek, F. (2008): Mein Schlüssel, mein Portemonnaie, mein Handy: kurze Kontrolle vor der Wohnungstür – los geht es in das mobile Leben, in: Bundesverband Digitale Wirtschaft (Hrsg.): Mobile Kompass 2008 – Das erste Kompendium der deutschen Mobile Branche, Düsseldorf 2008, S. 9-11.

Vatanparast, R.; Asil, M. (2007): Factors affecting the use of mobile advertising, in: International Journal of Mobile Marketing, Vol. 2, No. 2 2007, S. 21-34.

Vrechopoulos, A. et al. (2003): The critical role of consumer behavior research in mobile commerce, in: International Journal of Mobile Communications, Vol. 1, No. 3 2003, S. 329-340.

Wang, Y.-S.; Lin, H.-H.; Luarn, P. (2006): Predicting consumer intention to use mobile service, in: Information Systems Journal, Vol. 16, 2006, S. 157-179.

Wehrmann, J. (2004): Situationsabhängige mobile Dienste, Berlin 2004.

Westphal, K. (2008): Mobile Permission Marketing, in: Bundesverband Digitale Wirtschaft (Hrsg.): Mobile Kompass 2008 – Das erste Kompendium der deutschen Mobile Branche, Düsseldorf 2008, S. 32-34.

Wieland, R. A. (2007): Mobile Anwendungen – Stand und Ausblick im globalen Vergleich, in: Eberspächer, J.; Speidel, J. (Hrsg.): Wachstumsimpulse durch mobile Kommunikation, Heidelberg 2007, S. 23-44.

Wiener, Ch. (2005): User Experience Design, in: Giordano, M.; Hummel, J. (Hrsg): Mobile Business. Vom Geschäftsmodell zum Geschäftserfolg, Wiesbaden 2005, S. 95-129.

Wilke, A. (2005): Multi-Channel-Marketing, Berlin 2005.

Wirtz, B. W. (2002): Gabler-Kompakt-Lexikon eBusiness – 2.000 Begriffe zu Electronic Commerce, Electronic Communication und Information, Informations- und Web-Technologie; nachschlagen, verstehen, anwenden, Wiesbaden 2002.

Wong, J. K.; Hsu, C. J. (2006): A confidence-based framework for business to consumer (B2C) mobile commerce adoption, in: Personal and Ubiquitous Computing, Vol. 12, No. 1 2008, S.77-84.

Wu, J.-H.; Wang, S.-Ch. (2004): What drives mobile commerce? An empirical evaluation of the revised technology acceptance model, in: Information & Management, Vol. 42, 2005, S. 719-729.

Yang, K. C. C. (2006): Exploring Factors Affecting Consumer Intention to Use Mobile Advertising in Taiwan, in: Journal of International Consumer Marketing, Vol. 20 No. 1, 2007, S. 33-49.

Zhang, J.; Mao, E. (2008): Understanding the Acceptance of Mobile SMS Advertising among Young Chinese Customers, in: Psychology & Marketing, Vol. 25, No. 8 2008, S. 787-805.

Zunke, K. (2008): Werbung auf Abruf, in: acquisa 02/2008, S. 34-36.

Anhang

Tabelle A1: Überblick über die wichtigsten mobile Marketing-Agenturen in Deutschland.

	12snap	MindMatics	yoc
Kategorie	Full-Service Anbieter	Full-Service Anbieter	Full-Service Anbieter
Kurz-Beschreibung	Mobile-Marketing-Spezialist	Mobile-Marketing-Dienstleister	Mobile-Marketing-Dienstleister
Leistungs-Angebot	Vielseitiges Angebot an mobile Marketing-Instrumenten, darunter SMS-Plattform zur Zielgruppenansprache, technische Services, Kampagnenmanagement (mobile Payment, mobile Couponing) etc.	Profildaten, eigene mobile Marketing-Plattform „Mobunity" (ehemals „Mr.AdGood"), technische Services, Kampagnenplanung und -realisierung (mobile Payment, mobile Internet, Messaging) etc.	Planung, Konzeption, technische und inhaltliche Umsetzung mobiler Marketing-Strategien (mobile Marketing, mobile Advertising, mobile Portale etc.), Kundenprofilgenerierung, yoc-Community etc.
Gründung	München, 1999	München, 2000	Berlin, 2001
Region	International: Deutschland, England, Italien etc.	Deutschland, Österreich, England, USA	Deutschland, England, Spanien, Österreich
Referenzen	Adidas, Coca-Cola, Ferrero, Lufthansa, McDonalds, MTV, Unilever, Vodafone etc.	Carlsberg, Ferrero, Unilever, Universal Pictures, Volkswagen etc.	Coca-Cola, Deutsche Postbank, Kraft Foods, Samsung, Walt Disney etc.
Aus-Zeichnungen	4 „Löwen" bei Werbefestival in Cannes, Silber bei Mobile Marketing Awards 2007, O2 Grand Prix für innovativste mobile Kampagne etc.	Mobile Marketing Awards 2008, Bayerns Best 50, German Tech Tour 2005, Horizont New Media Award 2003 für die beste Mobile Marketing Kampagne 2002 etc.	New Media Award 2006, ISP Award 2008 – Service Partner of the Year, 2. Platz Neptun Cross Media Award, 3. Platz Made for Mobile Award 2008 etc.
Quellen	Vgl. Clemens (2003), S. 88f; Dufft, Wichmann (2003), S. 65; o.V. (2008b), o.S.; Steimel, Paulke, Klemann (2008), S. 132.	Vgl. Clemens (2003), S. 87f; Dufft, Wichmann (2003), S. 80; o.V. (2008c), o.S.; Steimel, Paulke, Klemann (2008), S. 1 und S. 137.	Vgl. Clemens (2003), S.91f; Dufft, Wichmann (2003), S. 88; „meinolf67" (2008), o.S.; o.V. (2008d), o.S.; Steimel, Paulke, Klemann (2008), S. 102 und S. 139.

Tabelle A2: Überblick über die bekanntesten Dienstleistungsanbieter im mobilen Marketing in Deutschland.

Unternehmen	Art des Services	Leistungen	Referenzbeispiele
@BIT	Technische Lösungen	Mobile Internetportale, -websites	Bundesverband Digitale Wirtschaft, VW
7P Mobile	mobile Services, Consulting – Full-Service-Agentur	Analyse, Konzeptentwicklung, Schulungen	BMW, Sony BMG
7p Seven Principles	Full-Service-Agentur	Mobile Marketing, Mobile Tagging, Mobile Advertising, Mobile TV	VW, Mars, Nokia, Coca-Cola, Warner
AdLINK Media	Technische Lösungen, Beratung, Services	Direkt- und Dialogmarketing	CinemaxX, ADAC, MTV
Aperto	Voice, Video, SMS – Full-Service-Agentur	Konzeption, Realisierung interaktive Kampagnen	Siemens, VW, Audi, ZDF
Apollis interactive	Multimedia-Anbieter – Zielgruppenansprache	Konzeption, Entwicklung, Umsetzung mobile Marketing-Lösungen	Flughafen München, Premiere, Smart, Wrigley
arvato mobile	Full-Service-Anbieter, Beratung, technische Lösungen	Mobile Advertising, Mobile Sales, Mobile Services	T-Online, T-Mobile, Vodafone, BILD, OBI
AvantGo	mobile Software-Lösungen – technische Tools/Services	Bereitstellung „AvantGo Mobile Internet Service", Werbemöglichkeiten	FTD Deutschland, Leipziger Messe
Beamgate	Media-Agentur – Konzeption	mCommerce-Lösungen, interaktive SMS-Dienste	ODDSET, Tchibo, Flying Horse
Benjoo Media	Full-Service-Anbieter, Kampagnenplanung und -durchführung	Mobile Advertising, Mobile Sales, Mobile Technology	myMobai.de
Berger Baader Hermes	Agentur für kreative und interaktive Markenführung, Full-Service-Agentur	Dialogmarketing, Mobile Marketing	Jägermeister, HypoVereinsbank, AMD
Blue Cell Networks	Bluetooth Marketing – Full-Service-Agentur	Technische Entwicklung, Realisierung, Consulting	Nike, Nokia, McDonald`s, BMW, Mercedes-Benz, Sony Ericsson
Brodos	mobile Messaging, mobile Payment – technische Tools/Services	SMS-Massenversand, SMS-Informationsdienste	Frankfurter Buchmesse
CAP Customer Advantage Program	Full-Service-Dienstleister für CRM-Services	Mobile Technology, Mobile Services	HappyDigits, CeBIT
Cellity	Softwarelösungen – technische Tools/Services	Software, Community	*Für Endverbraucher*
Cellular	Software-Lösungen, Plattform – Full-Service-Agentur	Service, Plattformen	CeBIT, OMD, simyo, O2, Serviceplan
Communology	Mobilfunkanwendungen – Spezialanbieter	Realisierung mobiler Applikationen, Plattformen	T-Mobile, Nokia, Sony Ericsson, Vodafone, AT&T
Denkwerk	mobile Anwendungen – Full-Service-Agentur	Konzeption, Design, Technik	Condor, Germanwings, Levi Strauss, OBI
Deutsche Post	"mobilepoint" Bluetooth, Infrarot – Full-Service	WAP-Services, Gewinnspiele, Coupons	Mars, Volvo, HappyDigits, ZDF, Nokia, Siemens, Weltbild

DIMOCO	B2B-mobile-Services – technische Tools/Services	Bluetooth, Interaktionsmarketing	Tchibo, Nokia, Intersport, Unilever
DoTank Mobile	SMS-Coupons – Zielgruppenansprache	Generierung/ Vermarktung Kundenprofile, "SMS Rabatt Plattform", mobile Kundenclubs	Valentines, Procter & Gamble, Phone House, Nordsee
e.Cross	Digitale Dienste – Full-Service-Anbieter	SMS, mobile Payment, Kampagnenplanung und – umsetzung	
embBusiness	Creative Mobile Consultant – technische Tools/Services	Konzeption/ Entwicklung/ Umsetzung mBusiness-Lösungen, Abbildung klassischer Medien auf mobilem Endgerät	ProSiebenSat.1 Media, radio NRW, United International Pictures
FUTURLINK	Hard- und Softwarelösungen für Proximity-Marketing	Bluetooth, NFC	SEAT, Red Bull Air Race, Nike, Calvin Klein, Bank Santander
Gavitec	Software – technische Tools/Services	Code-Lesesysteme, mobile Couponing, mobile Payment	Vodafone, Motorola, 12snap, HP
globo5	SMS-Lösungen – technische Tools/Services	Messaging-Verkehr, SMS-basierte Informations- und Entertainmentangebote	Stadtsparkasse Köln
Goyya Marketing	Technische Lösungen – mobile Marketing Agentur	Kundendialog, Cross-Media, Consulting	VVO, jugendtours.de
G + J Electronic Media Sales	Multimedia-Agentur – Konzeption	Online, mobile, TV	stern.de mobil, brigitte.de mobil, BÖRSE ONLINE MOBIL
handy.de	WAP- und SMS-Portal – Zielgruppenansprache	Generierung/ Vermarktung Kundenprofile, Werbeschaltung	Ferrero, BMG Entertainment
Hiwave	Systemlösungen – Full-Service-Agentur	Bluetooth, Softwarelösungen	Burger King, Eastpak, MINI, Deutsche Post
Iconmobile	mBusiness Anwendungen – Full-Service-Agentur	Technologie, Portale, Interface-Entwicklung	O2, BMW, RTL
InteractiveMedia	Vermarkter digitaler Werbeflächen – spezialisierter Anbieter	mobile Advertising, Marktforschung	Nike, Postbank, Continental, L'TUR
KMF Werbung	Full-Service-Anbieter	Mobile Marketing, 2D-Codes, Plattformen	Microsoft, Bauer-Verlag
LUUPAY	mobile Payment – Spezialangebote	mobile Payment, transaktionsbasierende Bezahlsysteme	*Für Endverbraucher*
Magic Moments	Multimedia-Agentur – Konzeption	Realisierung mobile Kommunikationsstrategien, Integration Medienmix, Auswertung mobiler Kampagnen	Jever
MATERNA	Software-Unternehmen, technische Tools/Services	mobile Bezahlung, Service Plattformen, Sprache, Video	OMD, CeBit, McDonald's, Vodafone
MATRIX Solutions	Hard- und Softwarelösungen	Mobile Ticketing, Mobile Couponing	Red Bull, T-Mobile, München Ticket
mBlox	Kommerziell-technische Spezialisierung – technische Tools/Services	mobile Bezahlung, Nachrichtenübermittlung	
MCS SH	Full-Service-Anbieter, Hard- und Softwarelösungen	Kampagnen, Bluetooth-Marketing	Wetter.com, Motorola, SevenOne Intermedia

Minick	Spezialist mobile Kampagnen – technische Tools/Services	Kampagnen, Video, mobile Spiele, Portale	O2, Unilever, Carat, Vodafone
Mobile Marketing System	Plattformanbieter	SMS-Versand, Gewinnspiele, Votings	EON, Ravensburger, Bündnis90/ Die Grünen
Mobile Vision Technologies	Soft- und Hardwarelösungen	Mobile Fotografie, MMS, Codeerkennung	Coca-Cola, Nike, Disney
Mobileview	Spezialist mobile Anwendungen – technische Tools/Services	Software zu Entwicklung/Betrieb mobiler Anwendungen	Lufthansa, e-sixt
Mymobai	Handydienstleister	LBS – Gastronomiefinder mit Mobile Couponing	Verschiedene Bars, Restaurants etc.
Netbiscuits	Entwicklungs- und Serviceagentur	Mobile Plattformen	RTL, Spiegel, ebay, Sixt, kicker
NetBooster	Spezialist	Mobiles Suchmaschinenmarketing	Quelle, Pro7, Starwood Hotels
NEXT ID	Technische Lösungen, Kreativagentur	Mobile Services, Mobile Plattformen, Interaktionslösungen	DSF, Carlsberg, Universal Music Group
Quiro	Community-Plattform-Betreiber	LBS – Nutzerlokalisierung, Buddy-Finder	HappyDigits, DB
Sevenval	Spezialist	Mobile Internet	Axel-Springer, T-Online, Vodafone
SMS-infowelt	mobile Marketing Dienstleister – Full-Service-Agentur	Generierung Profildaten, Werbebotschaften Plattform, technische Services	Nescafé, ZDF
Speedload	Prepaid-Lösungen – spezialisierter Anbieter	mobile Payment, Pay-TV	LUUPAY,
synapsy	SMS-basierte Lösungen, technische Tools/Services	mobile Bestellabwicklung/ Informationsangebote, interaktive SMS-Dialoge	Neckermann
UCP	Software-Entwickler, mobile Portale – technische Tools/Services	WAP-Messaging-Konzeption, interaktive Tools (Gewinnspiele, Votings), Portale	CA-Tennis-Trophy, Intersport, sms.at, uboot.com
United Internet Media	Spezialist mobile Software- und Technologie-Lösungen	Mobile Plattformen, Mobile Sales	Honda, Opel, neckermann.de, Walt Disney
Vodafone	Multimedia-Agentur – Werbevermarktung	Crossmedia-Angebote, mobile Advertising	BMW, Coca-Cola, VW, Nestlé
Wapme Systems	Softwarelösungen – technische Tools/Services	Inhalts-, Entertainment-, Commerce-Angebote, SMS-Services	CeBIT
WHATEVER MOBILE	Plattformanbieter	SMS, mobile Payment, Community	Deutsche Post, Premiere, yoc

Quellen: Dufft, Wichmann (2003), S. 65-88; o.V. (2008k), S. 54-96; Steimel, Paulke, Kleemann (2008), S. 21-139.

Tabelle A3: Konzeptuelle Modelle zur Messung der Kundenakzeptanz mobiler Marketing-Instrumente

Autor(en) und Jahr	Untersuchtes Instrument	Land / Länder (Jahr)	Entwicklung und Untersuchungmodell
Amberg, Hirschmeier, Wehrmann (2004)	mServices	Deutschland (2004)	Eigenständige Konzeption – „The Compass Acceptance Model" Untersuchungsmodell: *[Diagramm mit Achsen: Perceived Usefulness, Perceived Ease of Use, Perceived Costs, Perceived Mobility; mit Usage und First Use]*
Leppäniemi, Karjaluoto (2005)	mAdvertising	Finnland (2005)	Eigenständige Konzeption – „Model of consumer willingness to accept mobile advertising" Hypotetisches Modell: *[Modell-Diagramm mit Einflussfaktoren:]* - Developing consumer and industry technology - Easy and cost-effective way for marketing - Successful personalisation of – user profiles – time and location information - Regulatory guarantees privacy → More attractive ads → Mobile Marketing becomes more common medium → Fear of spamming and invasion of privacy decreases → Consumer willingness to accept mobile advertising Attractive features of mobile ad: – provides relevant information – provides rewards – delivered by trusted organisation – reciever can control over messages

Scharl, Dickinger, Murphy (2004)	SMS-Kampagnen	Europaweit (2003)	Mündliche Befragung von 15 Experten Untersuchungsmodell: Message: Perceived Transaction Convenience → Consumer Attitudes Media: Perceived Transaction Speed → Peer Influence Perceived Usefulness / Ease of Use Consumer Attitudes → Consumer Attention → Consumer Intention → Consumer Behavior

Tabelle A4: Überblick über wissenschaftliche empirische Studien zur Akzeptanz bzw. Nutzungsabsicht mobiler Marketing-Instrumente

Autor(en) und Jahr	Untersuchtes Instrument	Land / Länder (Jahr)	Datenerfassung (Stichprobenumfang, befragte Personengruppe) und Methodik	Ermittelte Erfolgsfaktoren / Barrieren

Bauer et al. (2005)	Mobile Marketing (allg.)	Deutschland (2005)	Schriftliche Befragung von 1.028 Personen zw. 14 und 72 Jahren
			
			Untersuchungsmodell:
			
			Innovation-based acceptance drivers: Innovativeness, Existing Knowledge
			Consumer-based acceptance drivers: Information Seeker, Attitude toward Advertising, Perceived Utility Information, Perceived Utility Entertainment, Perceived Utility Social, Perceived Utility, Perceived Risk
			→ Acceptance (Attitude toward Mobile Marketing, Social Norms) → Behavioural Intention
			
			Methode: LISREL, T-Tests
			Messung: 7-stufige Likert-Skala
				- 4 wichtigste Faktoren (absteigend nach Relevanz):
				  o Wahrgenommener Nutzen
				  o Soziale Normen
				  o Wahrgenommener Unterhaltungswert
				  o Wahrgenommener Informationswert
				↑ Damit Nutzen / Wert mit Abstand größter Einfluss auf Akzeptanz
				- Negativer Einfluss von wahrgenommenem Risiko auf die Akzeptanz

Bauer et al. (2007)	mTicketing	Deutschland (2005)	Mündliche Befragung von acht Experten und schriftliche Befragung von 320 Personen Untersuchte Aspekte: "price per ticket purchase", "time of purchase", "length of time for registration", "mode of order", "mode of payment", "annual basic fee", "mode of delivery", "length of time for ordering process" Methode: Häufigkeitsverteilungen zur Conjoint-Analyse	Wichtigste Einflüsse (absteigend nach Relevanz): - Jährliche Grundgebühr - Preis je Ticketkauf - Registrierungszeit - Art der Bestellung - Art der Bezahlung - Zeit für Bestellung - Art der Zustellung

Bhatti (2007)	mCommerce	Dubai (2007)	Schriftliche Befragung von Studenten und Experten (k.A. zur Anzahl) Untersuchungsmodell: [Diagramm: Subjective Norm, Personal Innovativeness → Perceived Usefulness, Ease of use → Intention to Adopt ← Perceived Behavioural Control] Methode: Faktorenanalyse, Regressionsanalyse Messung: 7-stufige Likert-Skala	Ergebnisse: - Subjektive Norm beeinflusst wahrgenommenen Nutzen, einfache Bedienbarkeit und Verhaltensabsicht positiv - Persönliche Innovationsfreude beeinflusst einfache Bedienbarkeit und wahrgenommenen Nutzen nicht - Wahrgenommener Nutzen beeinflusst Verhaltensabsicht nicht - Einfache Bedienbarkeit hat positiven Einfluss auf Verhaltensabsicht - Wahrgenommene Verhaltenskontrolle beeinflusst einfache Bedienbarkeit und Verhaltensabsicht positiv

Bina, Karaiskos, Giaglis (2008)	mServices	Griechenland (2006)	Schriftliche Befragung von 365 Personen
			
			Untersuchungsmodell:
			
			[Diagramm: MDS hedonic value, MDS social value, MDS utilitarian value, Financial Barriers, Technology Barriers, Security / Privacy Barriers, Functional Barriers → Actual MDS use]
			
			MDS = Mobile Data Services
			
			Methode: Mittelwertvergleiche, Faktorenanalyse, Regressionsanalyse
			Messung: 5-stufige Likert-Skala
				Ergebnisse:
				- Bei allen Arten von mobile Services sind finanzielle Barrieren ein starker Hinderungsgrund
				- Die Gewichtung aller anderer Faktoren ist abhängig von der Art des Services
				   o Der utilitaristische Wert ist v.a. bei mCommerce von Bedeutung
				   o Für Info-Services sind Nutzen und sozialer Status wichtig
				   o Vergnügen und sozialer Wert sind bei Entertainment von Bedeutung

| Carroll, Barnes, Scornavacca (2005) | SMS-Kampagnen | Neuseeland (2005) | Personen zw. 20 und 28 Jahren; Qualitativ: neun (mündlich); Quantitativ: 78 (schriftlich)

Untersuchungsmodell:
Ermittelte Einflussfaktoren auf die Akzeptanz nach qualitativer Befragung:
Permission, Wireless Service Provider (WSP) Control, Personalization and Content, Frequency, Time, Brand, Technology / Ease of Use

Methode: mehrere explorative Methoden (sequenziell), Szenarioanalysen
Messung: 4-stufige Likert-Skala | - 4 wichtigste Faktoren (absteigend nach Relevanz):
  o Erlaubnis
  o Zustellung
  o Content
  o WSP control
- Insgesamt Akzeptanz gering: für 50 % waren 10 der 16 Szenarios nicht akzeptabel; bei fast 70 % fand kein einziges Szenario Begeisterung |
| Chen (2008) | mPayment | USA (2007) | Schriftliche Befragung von 299 Studenten und Experten

Untersuchungsmodell:

[Modell mit Konstrukten: Perceived Transaction Convenience, Perceived Transaction Speed, Security Concerns, Privacy Concerns → Perceived Ease of Use, Perceived Usefulness, Perceived Risk, Compatibility → Intention to Use mPayment]

Methode: konfirmatorische Faktorenanalyse, SEM
Messung: Likert-Skala (k.A. zu Anzahl der Stufen) | Ergebnisse:
- Alle Hypothesen konnten mittel bis stark positiv und signifikant getestet werden
- Mittlerer negativer Einfluss von wahrgenommenem Risiko auf Nutzungsabsicht
- Zusätzliche Erkenntnis, dass wahrgenommene Annehmlichkeit bei der Transaktion positiven signifikanten Einfluss auf Kompatibilität hat |

Han et al. (2006)	Mobile Marketing (allg. „mobile communication technology")	Finnland (2003/4)	Schriftliche Befragung von 151 Physikern Untersuchungsmodell: Perceived Usefulness, Perceived Ease of Use, Social Influence, Compatibility → Behavioural Intention Gender, Experience, Age, Personal Innovativeness (Moderatoren) Methode: Faktorenanalyse, Regressionsanalyse, Korrelationsanalyse, MANOVA Messung: 5-stufige Likert-Skala	Wichtigste direkte Einflussfaktoren (absteigend nach Relevanz): - Persönliche Innovationsfreude - Soziale Einflüsse - Kompatibilität - Alter - Wahrgenommene einfache Bedienbarkeit - Wahrgenommener Nutzen Weitere Erkenntnisse: - Je jünger und innovativer die Person, desto stärker soziale Einflüsse - Je älter und innovativer die Person, desto größer der Einfluss der Kompatibilität - Je älter und weniger innovativ die Person, desto größer der Einfluss der einfachen Bedienbarkeit

Hanley, Becker (2008)	mAdvertising	USA (2005-2008)	Je eine schriftliche Befragung von 270-784 Studenten über Zeitraum von vier Jahren
			
			Untersuchte Fragestellungen:
			"Under which conditions would you consider accepting ads on your cell phone?", "If you have received a cell phone ad, has it made you more or less likely to purchase a product from the business?", "If you would accept cell phone ad by getting something free, what types would you accept?", "How much money per ad would it take to accept ads?", "What type of discount would you like to receive?", "Which services are available on your cell phone?", "For which services do you use your cell phone to access?", "Do you use your cell phone to download? What?", "Do you use your cell phone to send messages? Which ones?"
			
			Methode: Mittelwertvergleiche
				- Erkenntnisse zur Akzeptanz:
				  o Incentives (Anreize) sind Schlüsselfaktoren
				  o Das wahrgenommene Risiko durch mAdvertising scheint keine Akzeptanzbarriere zu sein
				- Sonstige Erkenntnisse:
				  o Das Ärgernis über Werbung ist weniger stark gestiegen als die Anzahl der empfangenen Werbungen
				  o Messaging als verbreiteste Anwendung
				  o Die Nutzungsmöglichkeiten von Handys sind stark gestiegen

Hanley, Becker, Martinsen (2005)	mAdvertising	USA (2005)	Schriftliche Befragung von 669 Studenten
			
			Untersuchte Fragestellungen:
			"Under what conditions would college students consider accepting advertisements on their cell phones?", "What types of product or service incentive would be needed for college students to accept advertisements on their cell phones?", "How much monetary incentive would college students require to accept advertisements on their cell phones?"
			
			Methode: Mittelwertvergleiche
				- Wichtigste ermittelte Akzeptanzfaktoren:
				  o Incentive („something free")
				  o Art der Werbung („type")
				  o Kontrolle
				  o Selbstbestimmung des Zeitpunktes
				  o Sicherheit („no viruses")
				- Aber: 51 % der Befragten akzeptieren gar keine Werbung auf ihrem Handy
				- 87 % der Befragten wollen mindestens 25 Cent pro erhaltene Werbung bezahlt bekommen

Hsu, Lu, Hsu (2008)	MMS-Kampagnen	Taiwan (2007)	Schriftliche Befragung von 238 Studenten
			
			Untersuchungsmodell:
			
			Technology Context
			  Perceived Usefulness
			  Perceived Ease of Use
			  Perceived User Resource
			Social Context
			  Social Norm
			  Perceived Critical Mass
			  Social Emotion
			→ Attitude toward Mobile Marketing
			
			Methode: Mittelwertvergleiche, verschiedene Methoden der deskriptiven Statistik
			Messung: 5-stufige Likert-Skala
				- Post-Adopter:
				  o Mittlerer bis starker positiver und signifikanter Einfluss von sozialer Emotion, sozialer Norm und wahrgenommenem Nutzen
				  o Geringer positiver Einfluss von wahrgenommener einfacher Bedienbarkeit und wahrgenommener Ressource
				  o Geringer negativer Einfluss von wahrgenommener kritischer Masse
				- Pre-Adopter:
				  o Mittlerer bis starker positiver und signifikanter Einfluss von wahrgenommenem Nutzen, sozialer Emotion und wahrgenommener einfacher Bedienbarkeit
				  o Geringer positiver und signifikanter Einfluss von wahrgenommener kritischer Masse und wahrgenommener Ressource
				- Vergleich:
				  o Für Post-Adopter spielen soziale Einflüsse eine größere Rolle
				  o Für Pre-Adopter spielen technologische Einflüsse eine größere Rolle

Junglas (2007)	Location Based Services	USA (2007)	Schriftliche Befragung von 58 Studenten Untersuchungsmodell: Task Characteristics (location- vs. Non-location-dependent) Technology Characteristics (LBS vs. Non-LBS) → Measurement Model → Task-Technology fit → Perceived usefulness / Perceived ease of use Methode: verschiedene deskriptive Statistiken, T-Tests Messung: 7-stufige Likert-Skala	Ergebnisse: - LBS erhöhen den Wunsch, einfache Bedienbarkeit und Nutzen weiter zu verbessern - Die Verfügbarkeit beeinflusst auch die Wahrnehmung von ortsunabhängigen Diensten (carry-over effect) - Einfache Bedienbarkeit und Nutzen bedingen sich gegenseitig
Koivumäki, Ristola, Kesti (2006)	mServices	Finnland (2006)	Schriftliche Befragung von 196 Personen Untersuchungsmodell: Perceived Usefulness Perceived Ease of Use Perceived internal resources Perceived external resources User satisfaction → Intention to Use Methode: Faktorenanalyse, Regressionsanalyse Messung: 7-stufige Likert-Skala	Ergebnisse: - Sehr starker positiver und signifikanter Einfluss von wahrgenommenem Nutzen - Starker positiver und signifikanter Einfluss von Unterstützung etc. (externe Ressourcen) und Fähigkeiten (interne Ressourcen) - Kein Einfluss von Nutzerbefriedigung und wahrgenommener einfacher Bedienbarkeit

Lee, Cheung, Chen (2006)	MMS-Kampagnen	Hongkong (2005)	Schriftliche Befragung von 207 Studenten
			
			Untersuchungsmodell:
			
			Perceived Media Richness → Perceived Usefulness / Perceived Ease of Use / Perceived Enjoyment → Behavioural Intention to Use MMS
			
			Methode: Faktorenanalyse, PLS
			Messung: Likert-Skala (k.A. zu Anzahl der Stufen)
				- Direkte Einflussfaktoren (absteigend nach Relevanz):
				  ○ Wahrgenommene einfache Bedienbarkeit
				  ○ Wahrgenommener Nutzen
				  ○ Wahrgenommenes Vergnügen
				- Indirekte Einflussfaktoren (absteigend nach Relevanz):
				  ○ Wahrgenommene einfache Bedienbarkeit auf wahrgenommenen Nutzen
				  ○ Wahrgenommene einfache Bedienbarkeit auf wahrgenommenes Vergnügen
				  ○ Wahrgenommene Medienreichhaltigkeit auf wahrgenommenen Nutzen und wahrgenommenes Vergnügen

Lee, Jun (2007a)	mCommerce	Südkorea (2007)	Schriftliche Befragung von 171 Studenten und 125 Experten Untersuchungsmodell: 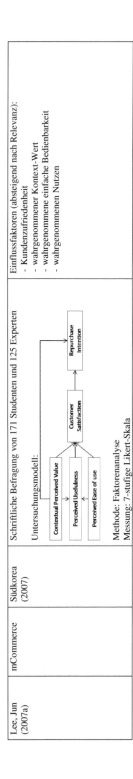 Methode: Faktorenanalyse Messung: 7-stufige Likert-Skala	Einflussfaktoren (absteigend nach Relevanz): - Kundenzufriedenheit - wahrgenommener Kontext-Wert - wahrgenommene einfache Bedienbarkeit - wahrgenommenen Nutzen

Lee, Jun (2007b)	mCommerce	Südkorea (2006)	Mündliche Befragung von 394 Personen; Vergleich von 296 Nutzern und 98 Nicht-Nutzern von mCommerce
			
			Untersuchungsmodell:
			
			Contextual Perceived Value → Behavioural Intention to Use Mobile Commerce
			Perceived Usefulness ←
			Perceived Ease of use
			
			Methode: konfirmatorische Faktorenanalyse, Korrelationsanalyse, T-Tests
			Messung: 7-stufige Likert-Skala
				- Alle Faktoren haben mittleren bis starken positiven und signifikanten Einfluss auf die Verhaltensabsicht
				- Wichtigkeit für Nutzer (absteigend):
				  o Einfache Bedienbarkeit auf Nutzen
				  o Kontext-Wert auf Nutzen
				  o Nutzen auf Verhaltensabsicht
				  o Einfache Bedienbarkeit auf Verhaltensabsicht
				  o Kontext-Wert auf Verhaltensabsicht
				- Wichtigkeit für Nicht-Nutzer (absteigend):
				  o Kontext-Wert auf Verhaltensabsicht
				  o Einfach Bedienbarkeit auf Nutzen
				  o Nutzen auf Verhaltensabsicht
				  o Kontext-Wert auf Nutzen
				  o Einfache Bedienbarkeit auf Verhaltensabsicht

Lu et al. (2007)	mServices	China (2006)	Schriftliche Befragung von 1.432 Studenten und Experten (CEOs)
			
			Untersuchungsmodell:
			
			Wireless Mobile Data Services Technology
			Personal Innovativeness in Information Technology
			Facilitating Conditions
			Social Influences
			Mobile Trust
			→ Usefulness of Wireless Mobile Data Services
			→ Ease of Using Wireless Mobile Data Services
			→ Intention to Accept Wireless Mobile Data Services
			
			Methode: mehrere Methoden der deskriptiven Statistik
			Messung: 5-stufige Likert-Skala
				- Größte direkte Einflussfaktoren (absteigend nach Relevanz):
				  o Wahrgenommener Nutzen
				  o Wahrgenommene einfache Bedienbarkeit
				  o Vertrauen
				- Größte indirekte Einflussfaktoren (absteigend nach Relevanz):
				  o Wahrgenommene einfache Bedienbarkeit (auf wahrgenommenen Nutzen)
				  o WMDS Technologie (auf wahrgenommene einfache Bedienbarkeit)
				  o Persönliche Innovationsfreude (auf wahrgenommene einfache Bedienbarkeit)
				- Negativer Einfluss sozialer Einflussfaktoren
				- Moderatoren:
				  o Alter (starker Einfluss)
				  o Geschlecht (geringer Einfluss)

Massoud, Gupta (2003)	mCommerce	USA (2003)	Schriftliche Befragung von 136 Erwachsenen (inkl. Experten) Untersuchte Variablen: "ease of use", "security/privacy", "useful service", "affordability" Methode: Mittelwertvergleiche Messung: 5-stufige Likert-Skala	Einflussfaktoren (absteigend nach Relevanz): - Einfache Bedienbarkeit - Sicherheit und Privatsphäre - Nutzen - Erschwinglichkeit

Merisavo et al. (2005)	mAdvertising	Finnland (2005)	Schriftliche Befragung von 4.062 Personen
			
			Untersuchungsmodell:
			
			Utility, Context, Control, Sacrifice, Trust → Acceptance
			
			Methode: Faktorenanalyse (explorativ und konfirmatorisch), LISREL
			Messung: 7-stufige Likert-Skala
				- Stärkste Einflussfaktoren (absteigend nach Relevanz):
				  o Nützlichkeit
				  o Kontext
				  o Vertrauen
				  o Kontrolle (relativ unwichtig!)
				- Starker negativer Einfluss von „Opfer"

Mital (2008)	mAdvertising	Indien (2008)	Schriftliche Befragung von 865 Personen
			
			Untersuchte Aspekte:
			"less informative", "not suiting personal needs", "wrong time", "too many ads", "disturbance", "busy work schedule", "wastage of time", "recall of brands advertised", "recall of sale/special promotions", "recall of products/services advertised", "ad positioning", "positive impact of mobile ads", "loss of privacy"
			
			Methode: Faktorenanalyse
			Messung: 5-stufige Likert-Skala
				- Nach Faktorenanalyse drei kritische Erfolgsfaktoren:
				  o Fehlender Kontext
				  o Wahrgenommener Nutzen
				  o Störung
				➔ Permission Marketing und Kontextualisierung als Erfolgsfaktoren
				- Moderator: Alter
				  o Je älter, desto wichtiger Relevanz und Kontext
				  o Je jünger, desto wichtiger Interaktivität und Angebotsbreite

Nysveen, Pedersen, Thorbjørnsen (2005)	mServices	Norwegen (2002)	Schriftliche Befragung von 2.038 Schüler
			
			Untersuchungsmodell:
			
			Perceived expressiveness → Attitude towards use → Intention to use
			Perceived enjoyment
			Perceived usefulness
			Perceived ease of use
			Normative pressure
			Behavioural control
			
			Methode: SEM, Korrelationsanalyse
			Messung: 7-stufige Likert-Skala
				- Modell erklärt über 72 % der Nutzungsabsicht und ist damit sehr aussagekräftig
				- Zwei stärkste Faktoren:
				  o Wahrgenommene Aussagekraft
				  o Wahrgenommenes Vergnügen
				- Direkter oder indirekter Einfluss auf Nutzungsabsicht von:
				  o Wahrgenommenem Nutzen
				  o Wahrgenommener einfacher Bedienbarkeit
				  o Nutzungseinstellung
				- Moderatoren: Alter und / oder Geschlecht

Okazaki (2007)	mAdvertising	Japan (2007)	Schriftliche Befragung von 3.254 Personen zu Geschlechtsunterschieden inkl. Differenzierung nach Verbrauchs- bzw. Gebrauchsgut. Untersuchte Variablen: Abhängige Variablen: "trust", "attitude toward the ad", "attitude toward the brand", "ad recall" Unabhängige Variablen: "gender", "ad type" Covariate: "frequency" Methode: Faktorenanalyse, ANCOVA und MANCOVA, PLS Messung: 7-stufige Likert-Skala	- Frauen haben größeres Vertrauen in mAdvertising - Frauen sind mAdvertising und der beworbenen Marke ggü. offener ("in" sein, "topic for talk") - Frauen erinnern sich nur ein wenig besser an mAdvertising (nicht signifikant) - Frauen erinnern sich nur wenig besser an beworbene Gebrauchsgüter im Vgl. zu Verbrauchsgütern; bei Männern ist der Unterschied viel stärker

| Pagani (2004) | MMS-Kampagnen | sechs Märkte weltweit (2002) | Qualitativ: k.A. (mündlich); Quantitativ: 1.000 Personen (schriftlich); auch Clusterung der Nutzergruppen als Ziel

Untersuchungsmodell:

[Modelldiagramm: Perceived Ease of use, Knowledge, Perceived Innovation, Attitude toward Using, Enjoyment, Perceived Usefulness, Price → Behavioural Intention to Use]

Methode: Conjoint-Analyse, Faktorenanalyse
Messung: 9-stufige Likert-Skala | - Wichtigste Faktoren (absteigend nach Relevanz):
  o Wahrgenommene Innovation
  o Wahrgenommenes Interesse
  o Nutzen
  o Preis
  o Einfache Bedienbarkeit
  o Schnelligkeit der Bedienung
- Unterschiede nach Altersgruppen:
  o Je älter, desto wichtiger einfache Bedienbarkeit
  o Je jünger, desto wichtiger wahrgenommenes Interesse |
| Pedersen (2005) | mServices | Weltweit (2001) | Schriftliche Befragung von 232 frühen Adoptern

Untersuchungsmodell:

[Modelldiagramm: Perceived user friendliness, Perceived usefulness, External influence, Interpersonal influence, Self control, Self efficacy, Facilitating conditions → Attitude towards use, Subjective norm, Behavioral control → Intention to Use → Use]

Methode: Faktorenanalyse
Messung: 7-stufige Likert-Skala | Ergebnisse:
- Starker Einfluss von externen Faktoren auf wahrgenommener Nutzen
- Kein direkter Effekt von Nutzerfreundlichkeit auf Nutzungseinstellung
- Kein direkter Effekt zwischen Nutzen und Nutzungsabsicht
- Kein direkter Effekt von Verhaltenskontrolle auf tatsächliche Nutzung
- Einfluss von subjektiver Norm auf Nutzungseinstellung
- Moderator: Soziale Kontrolle auf subjektive Norm
- Alle sonstigen Hypothesen positiv getestet, allerdings negativer Einfluss von Selbstkontrolle auf subjektive Norm |

Rohm, Sultan (2006)	Mobile Marketing (allg.)	USA und Pakistan im Vergleich (2005)	Schriftliche Befragung von 169 (USA) und 215 (Pakistan) Studenten Untersuchungsmodell: Usage Characteristics Privacy Vulnerability Privacy Concern Personal Attachment Behavioral Intent Attitude toward Mobile Consumer Innovativeness Permission to Interact in Mobile Space → Social Influence Methode: Regressionsanalyse	- Wichtigste Einflussfaktoren USA (absteigend nach Relevanz): 　o Nutzungscharakteristika 　o Verletzung Privatsphäre 　o Einstellung 　o Erlaubnis - Wichtigste Einflussfaktoren Pakistan (absteigend nach Relevanz): 　o Einstellung 　o Nutzungscharakteristika 　o Erlaubnis 　o Verletzung Privatsphäre - Alters- und Geschlechtsunterschiede
Song, Koo, Kim (2004)	mCommerce	Südkorea (2004)	Schriftliche Befragung von 180 Studenten Untersuchungsmodell: Perceived Usefulness Perceived Ease of Use Perceived Enjoyment → Intention to use M-Commerce → Positive Word-of-Mouth Intention Methode: Faktorenanalyse (konfirmatorisch und explorativ), Korrelationsanalyse Messung: k.A.	Ergebnisse: - Alle Einflüsse sind mittel bis stark positiv und signifikant, mit folgenden Ausnahmen: - Nur schwacher Einfluss von wahrgenommener einfacher Bedienbarkeit auf positive Mundpropaganda-Absicht - Nicht signifikanter Einfluss von wahrgenommener einfacher Bedienbarkeit auf Nutzungsabsicht

Vrechopoulos et al. (2003)	mCommerce	Finnland, Deutschland und Griechenland im Vergleich (2001)	Schriftliche Befragung von 4.105 Personen in Finnland (1.908), Deutschland (1.422) und Griechenland (775)
			
			Untersuchte Aspekte:
			Problems: "complicated to use", "lack of security", "poor quality of service", "high price for mobile access", "not personalized enough", "inconvenience of device"
			Recommendations: "improved ease of use", "improved security", "improved support", "lower price", "improved comfort of device"
			
			Methode: Mittelwertvergleiche, ANOVA
			Messung: 5-stufige Likert-Skala
				Wichtigste Probleme (absteigend):
				- Deutschland und Finnland:
				  o Personalisierung
				  o Komplexität Nutzung
				  o Sicherheitsmängel
				- Griechenland
				  o Personalisierung
				  o Komplexität Nutzung
				  o Schwierigkeit des Endgerätes
				Wichtigste Vorschläge (absteigend)
				- Deutschland: verbesserte Unterstützung, verbesserte einfache Bedienbarkeit, verbesserte Sicherheit
				- Finnland: verbesserte Unterstützung, verbesserte einfache Bedienbarkeit, verbesserter Komfort beim Endgerät
				- Griechenland: verbesserte Unterstützung, verbesserte Sicherheit, verbesserter Komfort beim Endgerät

Wang, Lin, Luarn (2006)	mServices	Taiwan (2006)	Schriftliche Befragung von 258 Personen zw. 18 und 45 Jahren Untersuchungsmodell: Self-efficacy → Behavioural Intention Perceived Financial Resource → Behavioural Intention Perceived Usefulness → Behavioural Intention Perceived Ease of Use → Behavioural Intention Perceived Credibility → Behavioural Intention Methode: Faktorenanalyse (konfirmatorisch) Messung: 7-stufige Likert-Skala	Ergebnisse: - Alle Hypothesen wurden positiv getestet, wobei die Einflüsse mittel bis stark waren. - Einzige Ausnahme bilden die wahrgenommenen finanziellen Ressourcen, welche keinen signifikanten Einfluss auf die wahrgenommene einfache Bedienbarkeit haben.

Wu, Wang (2004)	mCommerce	Taiwan (2004)	Schriftliche Befragung von 310 Personen Untersuchungsmodell: Perceived Risk, Cost, Compatibility, Perceived Usefulness, Perceived Ease of Use → Behavioral Intention to Use → Actual Use Methode: Faktorenanalyse (konfirmatorisch) Messung: 5-stufige Likert-Skala	Ergebnisse: - Adoption und Nutzung kann durch Nutzungsabsicht vorhergesagt werden, welche wiederum beeinflusst wird von wahrgenommenem Risiko, Kosten, Vereinbarkeit und wahrgenommenem Nutzen - Wahrgenommene einfache Bedienbarkeit beeinflusst Nutzungsabsicht nicht direkt - Vereinbarkeit hat größten Einfluss auf Nutzungsabsicht und zweitgrößten Einfluss auf tatsächliche Nutzung - Kosten haben negativen direkten Effekt auf Nutzungsabsicht - Wahrgenommenes Risiko beeinflusst Nutzungsabsicht signifikant.
Yang (2006)	mAdvertising	Taiwan (2005)	Schriftliche Befragung von 468 Studenten Untersuchungsmodell: Subjective Norm, Image, Post Adoption Behavior, Knowledge Index, Cell Phone Usage Experience, Technology Cluster, Innovativeness → Attitudes Toward Using Mobile Commerce → Enjoyment of Mobile Advertising, Non-Intrusiveness of Mobile Advertising, Utility of Mobile Advertising → Intention to Use Mobile Advertising Methode: Mittelwertvergleiche	Ergebnisse: - Während subjektive Norm die Einstellung signifikant beeinflusst, ist dem beim Image nicht so - Positive Einflüsse von Verhalten nach der Adoption und von Innovationsfreude auf Einstellung, allerdings negative Einflüsse von Wissensindex, Erfahrung und Technologieindex - Einstellung beeinflusst Vergnügen, Nicht-Aufdringlichkeit und Nützlichkeit positiv; diese wiederum beeinflussen Nutzungsabsicht positiv

| Zhang, Mao (2008) | mAdvertising | China (2006) | Schriftliche Befragung von 262 Personen zw. 21 und 35 Jahren

Untersuchungsmodell:

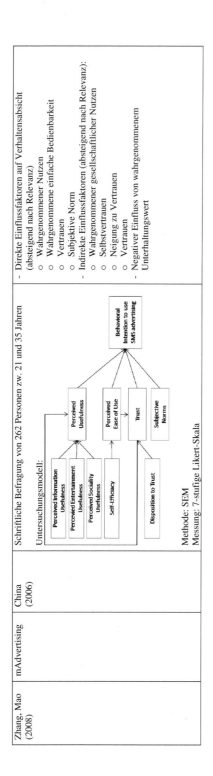

Methode: SEM
Messung: 7-stufige Likert-Skala | - Direkte Einflussfaktoren auf Verhaltensabsicht (absteigend nach Relevanz)
  o Wahrgenommener Nutzen
  o Wahrgenommene einfache Bedienbarkeit
  o Vertrauen
  o Subjektive Norm
- Indirekte Einflussfaktoren (absteigend nach Relevanz):
  o Wahrgenommener gesellschaftlicher Nutzen
  o Selbstvertrauen
  o Neigung zu Vertrauen
  o Vertrauen
- Negativer Einfluss von wahrgenommenem Unterhaltungswert |

Die VDM Verlagsservicegesellschaft sucht für wissenschaftliche Verlage abgeschlossene und herausragende

Dissertationen, Habilitationen, Diplomarbeiten, Master Theses, Magisterarbeiten usw.

für die kostenlose Publikation als Fachbuch.

Sie verfügen über eine Arbeit, die hohen inhaltlichen und formalen Ansprüchen genügt, und haben Interesse an einer honorarvergüteten Publikation?

Dann senden Sie bitte erste Informationen über sich und Ihre Arbeit per Email an *info@vdm-vsg.de*.

Sie erhalten kurzfristig unser Feedback!

VDM Verlagsservicegesellschaft mbH
Dudweiler Landstr. 99   Telefon +49 681 3720 174
D - 66123 Saarbrücken   Fax   +49 681 3720 1749
www.vdm-vsg.de

Die VDM Verlagsservicegesellschaft mbH vertritt

1407677R00072

Printed in Germany
by Amazon Distribution
GmbH, Leipzig